D1727406

VERSUS

Andreas Knecht · Carola Negura

Qualitätsmanagement

Wichtigste Methoden · Beispiele · Praxistipps

Versus · Zürich

Zur Reihe «VERSUS kompakt»

Die Bücher der Reihe «VERSUS kompakt» richten sich an alle, die sich mit geringem Zeit- und Arbeitsaufwand gründlich in ein Thema einlesen und das erworbene Wissen sofort umsetzen möchten. Das neue Format bietet gesichertes Fachwissen, von Experten geschrieben, auf knappem Raum und in gut verständlicher Sprache, mit zahlreichen Querverweisen, Anwendungsbeispielen und Praxistipps. Die einzelnen Bände setzen sich grundsätzlich aus drei Teilen zusammen:

- Der *erste Teil* enthält eine Einführung, die einen Überblick über die wichtigsten Fragen und Probleme des Gesamtthemas geben soll. Zahlreiche ▷ Querverweise auf die Stichwörter im zweiten Teil erleichtern die Orientierung und geben Ihnen die Möglichkeit, zu einzelnen Themen und Sachverhalten die vertiefenden Informationen rasch und einfach zu finden.

- Im *zweiten Teil* werden einzelne Themen, Modelle und Instrumente vertieft behandelt und mit Beispielen und Praxistipps veranschaulicht. Die einzelnen Stichwörter sind alphabetisch geordnet und werden jeweils auf einer Doppelseite erläutert. Hier helfen Ihnen die ▷ Querverweise dabei, die einzelnen Stichwörter zu vernetzen.

- Ein *dritter Teil* enthält Fallstudien oder Beispiele.

Auf der *Website* zur Buchreihe (www.versus-kompakt.ch) können Sie Formulare und Checklisten abrufen, downloaden und ausdrucken, um sie in der Praxis verwenden zu können.

Folgende Symbole helfen Ihnen, sich im Buch zurechtzufinden:

 Bei der Lupe finden Sie vertiefende Texte. Dies können Beispiele, Exkurse, Regeln, Übungen oder Interviews sein.

 Bei der Glühbirne finden Sie Praxistipps, die Ihnen dabei helfen, das Gelesene umzusetzen.

 Beim aufgeschlagenen Buch finden Sie weiterführende Literaturtipps und -empfehlungen.

Vorwort

Seit der Epoche der Industrialisierung wurden kontinuierlich Strategien zur Behebung von Produktionsmängeln und -fehlern entwickelt. Nach dem Aufkommen von industriellen Herstellungsverfahren kamen vermehrt funktionierende und gut organisierte Qualitätssicherungssysteme zum Einsatz. Mit der zunehmenden Komplexität der Produktionsverfahren und der Dienstleistungsprozesse wurden Qualitätsmanagementsysteme zum Erfolgsfaktor. Die Kunden erwarten heute von ihren Lieferanten umfassende Prozess- und Qualitätsmanagementsysteme die den allgemeinen Qualitätsstandards und Normen entsprechen. Nichtzertifizierte Zulieferer haben heute keine Überlebenschance mehr.

Das vorliegende Buch unterstützt beim Aufbau von integrierten Managementsystemen, stellt die wichtigsten Begriffe und Methoden des Qualitätsmanagements vor und liefert zahlreiche Praxistipps und -beispiele.

An dieser Stelle möchten wir uns bei den Verlagsautoren Holger Regber, Ulrich Fischer, Fritz Forrer, Marcel Schöni und Frank Menzel für den unkomplizierten Austausch von Fachwissen bedanken. Ein spezieller Dank gilt Thomas Wieland und Markus Bertschi, die uns mit ihrem Methodenwissen tatkräftig unterstützt haben.

Olten, im Januar 2013   Andreas Knecht und Carola Negura

Inhaltsverzeichnis

Qualitätsmanagement im Überblick

1 Einführung ins Qualitätsmanagement **12**
  1.1 Was ist Qualität? 12
  1.2 Welche strategische Bedeutung hat die Qualität? 15
  1.3 Wie wird Qualität erfolgreich verkauft? 16
  1.4 Welche Auszeichnungen gibt es für gute Qualität? 18

2 Hilfsmittel, Tools und Methoden **19**
  2.1 Welche Hilfsmittel und Tools unterstützen
       das Qualitätsmanagement? 20
  2.2 Wie werden Kreativitätstechniken mit Erfolg
       im Qualitätsmanagement eingesetzt? 24
  2.3 Was sind Qualitätszirkel und wie werden sie eingesetzt? .. 25
  2.4 Wie können Beschwerden zur Verbesserung der Qualität
       genutzt werden? 31
  2.5 Wie wird Kaizen zum Erfolgsfaktor? 33
  2.6 Warum ist die Ursachenfindung von zentraler Bedeutung? 34
  2.7 Was sind Audits, welche Arten gibt es und wann setzt
       man diese ein? 37

3 Die Rolle der Kunden **40**
  3.1 Was erwarten die Kunden von uns? 40
  3.2 Wer bestimmt die Qualität? 46
  3.3 Wie schafft man über die Qualität eine Kundenbindung? .. 48
  3.4 Welche Vorteile bringen Qualitätsvereinbarungen? 50
  3.5 Welche Warnsignale senden unzufriedene Kunden aus? .. 52

4 Kennzahlen **53**
  4.1 Wie kommt man zu relevanten Qualitätskennzahlen? 53
  4.2 Wie wird Qualität gemessen? 55

5 Prozessmanagement **58**
  5.1 Welches sind die wichtigsten Grundsätze
       des Prozessmanagements? 58
  5.2 Was versteht man unter einem Prozess? 59
  5.3 Wie wird die Prozessqualität sichergestellt? 62

6 Qualitätsmanagementsysteme im Praxiseinsatz 63

6.1 Wie geht man bei der Einführung eines
Qualitätsmanagementsystems vor? 63

6.2 Welches sind die häufigsten Managementfehler
im Qualitätsmanagement? 67

6.3 Welches sind die häufigsten Fehler in der Umsetzung? 68

6.4 Welches sind die Ursachen von Qualitätsmängeln? 70

6.5 Wie werden Qualitätsmängel frühzeitig entdeckt? 73

6.6 Was tun, wenn Qualitätsmängel erst nachträglich
entdeckt werden? 75

6.7 Wie erkennt man Überqualität? 76

6.8 Wie und wann sollen Qualitätsveränderungen
kommuniziert werden? 77

6.9 Wie lassen sich Qualitätskosten systematisieren? 80

6.10 Wie werden Spitzenleistungen im Qualitätsmanagement
erzielt? 81

6.11 Was macht den guten Qualitätsmanager aus? 82

6.12 Wie wird die Qualität auf Dauer sichergestellt? 85

6.13 Welches sind die Vorteile eines Integrierten
Managementsystems (IMS)? 88

Qualitätsmanagement von A bis Z

5 S 92

5 × Warum 94

8-D-Methode 96

Akkreditierung und Zertifizierung 98

Aufwand-Nutzen-Matrix 100

Balanced Scorecard (BSC) 102

Benchmarking 104

CAQ – Computer-Aided Quality 106

EFQM-Modell 108

Fehlersammelliste 110

FMEA – Fehlermöglichkeits- und Einflussanalyse 112

Gap-Modell 114

Histogramm 116

Historische Entwicklung des Qualitätsmanagements 118

Hypothesentest 120

Kaizen 122

Korrelation und Regression 124

Kosten-Nutzen-Analyse 126

Kreativitätstechniken 128

KVP 130
LIPOK 132
Mittelwert und Median 134
Normalverteilung 138
Nutzwertanalyse 140
Pareto-Diagramm 142
PDCA-Regelkreis 144
Platzziffernverfahren 146
Prozessanalyse 148
Prozessfähigkeit 150
Prozessoptimierung 152
Qualitätsaudit (gemäß ISO) 154
Qualitätsmanagementnormen 156
Qualitätsregelkarten 158
Rangreihenverfahren 160
Six Sigma 162
Statistische Prozessregelung 164
Stichprobenstrategie 166
TQM – Total Quality Management 168
Ursache-Wirkungs- oder Ishikawa-Diagramm 170
Wahrscheinlichkeitsrechnung 172
Wertflussanalyse 174
Zuverlässigkeit und Verfügbarkeit 176

Qualitätsmanagement: Beispiele

Fallbeispiel Prioritätenmatrix **180**

Fallbeispiel team24 .... **184**

Literatur **186**

Stichwortverzeichnis **188**

Die Autoren **192**

Qualitätsmanagement im Überblick

1 ___ Einführung ins Qualitätsmanagement

1.1 ___ Was ist Qualität?

Es gibt Dutzende, wenn nicht Hunderte von Definitionen zum Begriff Qualität. Im Mittelpunkt steht immer die Beschaffenheit eines Produkts oder einer Leistung, gemessen an den Bedürfnissen der Zielgruppe. Objektiv betrachtet ist die Qualität also das Maß der Übereinstimmung zwischen geforderten (Soll) und realisierten Eigenschaften (Ist) eines Produkts oder einer Leistung.
Bei dieser Betrachtungsweise steht der Kunde im Mittelpunkt. Der Lieferant gibt gegenüber dem Kunden ein Leistungsversprechen ab und stillt die Kundenbedürfnisse, indem er die versprochene Leistung erbringt.

Neben den Kundenanforderungen, die eine wichtige Rolle spielen, werden im Rahmen einer umfassenden Qualitätsbetrachtung (▷ TQM – Total Quality Management) zusätzlich die Anforderungen von Mitarbeitenden, Auftraggebern, Kapitalgebern und der Öffentlichkeit (z. B. Erfüllung der rechtlichen Vorgaben) berücksichtigt.

Die praktische Anwendung und Betrachtung des Qualitätsbegriffs kann demzufolge aus unterschiedlichen Perspektiven erfolgen. In der Regel wird heute zwischen der produkt-, der kunden- und der prozessbezogenen Betrachtungsweise unterschieden. Die verschiedenen Aspekte und Betrachtungsweisen der Qualität werden im sogenannten Qualitätskreis dargestellt.

Produktbezogene Qualitätsbetrachtung

Bei der produktbezogenen Qualitätsbetrachtung wird die Erfüllung von allgemeinen und vorab festgelegten Kriterien geprüft. Aufgrund dieser engen Betrachtungsweise und der klar formulierten Anforderungen ergeben sich in der Regel eindeutig messbare Kriterien.
Trotzdem kann je nach Art des Produkts die produktbezogene Qualität nicht in jedem Fall objektiv betrachtet und gemessen werden. Beispiele: Bei einem Auto kann die Erfüllung von Spezifikationen in Bezug auf Leistungsstärke, Geschwindigkeit, Benzinverbrauch und Zubehör, wie Klimaanlage oder CD-Player, eindeutig und klar überprüft werden. Auch Kriterien wie der Preis oder die Lieferfrist verursachen in dieser Beziehung keine Schwierigkeiten.
Weniger eindeutig ist der Nachweis über die Erbringung des Leistungsversprechens im Bereich der Lebensmittel. Dies liegt an

den Kundenanforderungen, die oft nicht eindeutig gemessen werden können. Wie soll der Fruchtgehalt eines Weines gemessen werden, oder wie werden die Geschmacksnoten im Käse definiert? Natürlich existieren auch hier Kriterien, die eindeutig überprüft werden können. Beim Wein ist es der Alkoholgehalt, die Traubensorte, der Jahrgang und die Produktionsmethode, beim Käse der verwendete Milchtyp (Rohmilch, thermisierte oder pasteurisierte Milch) und der Fettgehalt. Doch sagen diese Kriterien nichts über den Geschmack des Produkts aus. Diese Lücke wird gezielt von Experten ausgenutzt, die dem Endverbraucher die Qualitätsbeurteilung liefern.

Kundenbezogene Qualitätsbetrachtung

Die kundenbezogene Qualitätsbetrachtung fokussiert sich auf die Realisierung der Kundenanforderungen. Die Qualität ist unmittelbar von der Erfüllung der Kundenanforderungen abhängig. Nichtrealisierte Kundenwünsche wirken sich negativ auf die Qualität aus. Ebenso sind Optimierungen, die vom Kunden nicht gewünscht werden, in dieser Betrachtungsweise nutzlos.

Die Qualität wird dabei nicht über allgemein bekannte Merkmale definiert. Was hier zählt, ist die rein subjektive Wahrnehmung der Kunden. Die von den Kunden explizit erwarteten Qualitätseigenschaften sind natürlich bekannt und können entsprechend berücksichtigt werden. Die Kunden stellen – was die Sache erst richtig spannend macht – auch unbewusste (implizite) Anforderungen an ein Produkt oder eine Dienstleistung. Diese Erwartungen – die auf den ersten Blick nicht offensichtlich sind – werden mit Instrumenten der Marktforschung eruiert.

So bekommen in der Konsumgüterindustrie neben dem eigentlichen Produkt auch die Farbe und Form der Verpackung eine immer größere Bedeutung. Oder denken Sie an ein Restaurant. Gute Küche allein stellt den anspruchsvollen Feinschmecker längst nicht mehr zufrieden. Die Art und Weise, wie die Speisen serviert und präsentiert werden, oder das Ambiente im Restaurant spielen mit eine entscheidende Rolle bei der Erfüllung der Kundenanforderungen.

Prozessbezogene Qualitätsbetrachtung

Die prozessbezogene Qualitätsbetrachtung bezieht sich auf die Transparenz, die Nachverfolgbarkeit, die Messbarkeit und die Normentreue von Prozessen. Das Ziel besteht in der Entwicklung und

Anwendung möglichst schlanker, kostengünstiger und fehlerfreier Prozesse (ISO 9001).

So müssen zum Beispiel Eisenbahnverkehrsunternehmen den Aufsichtsbehörden jederzeit nachweisen können, dass sie ihre sicherheitsrelevanten Prozesse im Griff haben. Auch die Halter von Güterwagen werden von den Aufsichtsbehörden in die Pflicht genommen. So müssen sie die Herkunft und das Los der Komponenten, die in ihre Fahrzeuge eingebaut wurden, jederzeit nachweisen können. Ohne ein transparentes Qualitätsmanagementsystem ist ein solcher Nachweis kaum zu erbringen.

Die Einhaltung der sozialen und ökologischen Kriterien in der Wertschöpfungskette von Lebensmitteln unterliegt ebenfalls einer prozessbezogenen Qualitätsbetrachtung. Die Transparenz in Bezug auf die Herkunft, auf Anbaumethoden, den fairen Handel bis hin zur Entsorgung spielt hier eine wichtige Rolle.

Der Qualitätskreis

Der Qualitätskreis (Abbildung 1), welcher vor allem in der industriellen Fertigung angewendet wird, stellt alle Qualitätsaspekte ausgehend von den Kundenanforderungen dar. Diese Erwartungen werden in einem Pflichtenheft festgehalten, welches als Basis für die

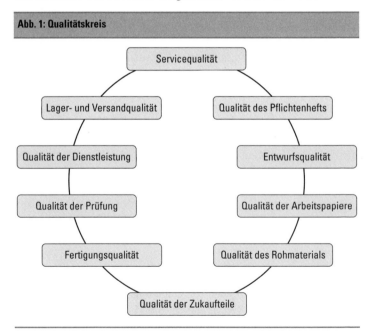

Abb. 1: Qualitätskreis

- Servicequalität
- Lager- und Versandqualität
- Qualität des Pflichtenhefts
- Qualität der Dienstleistung
- Entwurfsqualität
- Qualität der Prüfung
- Qualität der Arbeitspapiere
- Fertigungsqualität
- Qualität des Rohmaterials
- Qualität der Zukaufteile

Entwicklung des Produkts oder der Dienstleistung dient. Die Qualität des Produkts ist direkt von den Vorarbeiten, wie Pflichtenheft oder Konzept Arbeitsvorbereitung, abhängig. Im Fertigungsprozess werden Materialien und Teile verwendet, die von Lieferanten zugekauft wurden und die ebenfalls über eine tadellose Qualität verfügen müssen. Die Qualität des Einkaufs wird an seiner Fähigkeit gemessen, die Fertigungsunterlagen in konkrete Bestellungen umzusetzen und einen qualitativ einwandfreien Lieferanten zu finden, der die Verantwortung für die Qualität der gelieferten Ware übernimmt.

Die in der Wertschöpfungskette involvierten Abteilungen nehmen direkten Einfluss auf die Produktqualität. Daneben gibt es die indirekte Einflussnahme durch andere Stellen, wie zum Beispiel die Finanzabteilung, welche die Mittel für die Qualitätssicherung und -optimierung bereitstellt, die Personalabteilung, welche Weiterbildungsangebote entwickelt oder einkauft, die Instandhaltung, die für die Wartung des Maschinenparks verantwortlich ist, und die Informatikabteilung, die die Software für die Steuerung der Geschäftsabläufe implementiert.

Ganzheitliches Qualitätsmanagement bedeutet also Einflussnahme auf das Produkt in der gesamten Wertschöpfungskette. Die Beteiligten nehmen während jedes einzelnen Schritts, von der Planung über die Produktion bis zum Verkauf oder sogar darüber hinaus (Serviceleistungen), direkten Einfluss auf die Qualität des Produkts.

1.2 ____ Welche strategische Bedeutung hat die Qualität?

Die Qualität eines Unternehmens ist sein wichtigstes Aushängeschild. Die Kunden messen die Leistung eines Unternehmens in erster Linie an der Qualität, die somit direkt einen Einfluss auf das Image des Unternehmens bei den Kunden und somit auch in der Öffentlichkeit hat. Der Begriff Qualität bezieht sich in diesem Zusammenhang ganz explizit auf das Preis-Leistungs-Verhältnis eines Produkts oder einer Dienstleistung.

Die Qualität hat ihrerseits auch einen großen Einfluss auf das Klima und die Kultur im Unternehmen. Wenn das Qualitätsdenken alle Führungsstufen durchdrungen hat und sich sämtliche Handlungen und Entscheidungen an den Kundenanforderungen orientieren, treten die unternehmensinternen Ansprüche in den Hintergrund. Die

Realisierung von Qualität wird dann zu einer Führungsaufgabe, die das Ziel hat, die Kompetenz und vor allem das eigenverantwortliche Handeln der Mitarbeitenden zu fördern. Die Unternehmen, die sich in diesem fortgeschrittenen Entwicklungsstadium befinden, verfügen meistens über ein gut funktionierendes Verbesserungsmanagement (▷ KVP) und entwickeln sich dank dem Einsatz von ausgeklügelten Entwicklungsmethoden – wie ▷ Six Sigma – ständig weiter.

Eine weitere strategische Dimension stellt die Sicherstellung einer kundengerechten Qualität dar. Qualitätsmanagement bedeutet nicht automatisch das Streben nach höchster Produkt- oder Servicequalität, sondern verfolgt eine marktgerechte, nach Zielgruppen und Nutzensegmenten differenzierte Qualität. Es ist die Aufgabe des Qualitätsmanagements, die entscheidenden Qualitätsdimensionen der Kunden zu analysieren und daraus die Ziele für die eigene Leistung zu formulieren.

Die Fähigkeit, kundenindividuelle Problemlösungen zu konkurrenzfähigen Preisen anzubieten, kann sich zu einem strategischen Wettbewerbsvorteil entwickeln, den es wirkungsvoll zu «verkaufen» gilt.

Eine bedeutende Rolle spielt dabei die Kommunikation, die in einigen Branchen (Telekommunikation, Unterhaltungselektronik, Versicherungen etc.) oftmals das einzige Mittel darstellt, um die Andersartigkeit gegenüber der Konkurrenz zu betonen und die Erwartungen der Kunden zu Gunsten der eigenen Leistungen zu beeinflussen. Ein funktionierendes Kommunikationskonzept ist vor allem in schnelllebigen und dynamischen Märkten – als Beispiel sei hier die Mobiltelefonie erwähnt – eine absolute Notwendigkeit.

Das Qualitätsmanagement hat sich in den vergangen Jahren von den Fertigungsprozessen ausgehend bis in die hintersten Winkel jedes Unternehmens ausgedehnt. Mit dem integralen EFQM-Ansatz (▷ EFQM-Modell) ist eine neue strategische Dimension hinzugekommen: Qualität ist die Basis für Business Excellence und somit Chefsache.

1.3 _____ Wie wird Qualität erfolgreich verkauft?

Qualität verkaufen? Wo liegt das Problem, werden Sie sich fragen. Natürlich beurteilen die Kunden die Leistung eines Unternehmens aufgrund der gelieferten Qualität. Produziert ein Unternehmen nicht mehr die erforderliche Qualität, verliert es seine Existenzberechtigung.

Diese Aussagen treffen zweifellos zu. Doch die Sicherstellung der gewünschten Qualität reicht längst nicht mehr aus, um Kunden zu halten oder zusätzliche Kunden zu gewinnen. Einen Wettbewerbsvorteil hat man sich erst erarbeitet, wenn die Kunden die angebotenen Produkte oder Dienstleistungen gegenüber dem Angebot anderer Unternehmen vorziehen. Es gilt also, den Kunden aufzuzeigen, dass ein bestimmtes Angebot ihre individuellen Bedürfnisse am besten erfüllt. Dies ist umso einfacher möglich, je besser die Anforderungen der Kunden an das Produkt oder die Dienstleistung bekannt sind. Ein Immobilienmakler ist dann erfolgreich, wenn es ihm gelingt, die Bedürfnisse der potenziellen Käufer über die entsprechenden Objekte schneller als seine Konkurrenz abzudecken.

Nicht immer sind die individuellen Bedürfnisse der Kunden bekannt. Gerade im Bereich der Konsumgüter, wo sich eine große Anzahl von Produkten und eine riesige Menge potenzieller Kunden gegenüberstehen, wenden die Anbieter heute ausgeklügelte Systeme und Techniken an, um die individuellen Bedürfnisse von Kunden besser ermitteln zu können. So registriert der Online-Buchhändler Amazon alle Käufe seiner Kunden und bietet diesen periodisch auf Basis der bisher getätigten Einkäufe ähnliche Produkte an. Genauer betrachtet bieten Online-Buchhändler – bezogen auf das zu verkaufende Produkt – keine zusätzlichen Qualitätsaspekte. Die angebotenen Bücher können problemlos in den meisten Buchhandlungen bezogen werden. Die Online-Buchhändler verschaffen sich in diesem Fall gegenüber der Konkurrenz lediglich einen Vorteil dank einer frühzeitigen, aktiven und kundenbezogenen Kommunikation. Viele konventionelle Buchhändler haben angesichts der scheinbar übermächtigen Konkurrenz die Flinte ins Korn geworfen. Dabei müssten sie «nur» die Vorteile der eigenen «Produktionsform» in die Waagschale werfen und entsprechend kommunizieren. Wo kriegt der Leser eine professionelle und individuelle Beratung? Wo kann der persönliche Kontakt zwischen Schriftstellern und Lesern am einfachsten vollzogen werden? Leider verschwenden selbständige Buchhändler ihre Energie oft damit, die Marktdominanz von Amazon und Co. zu beklagen, statt Lesungen und Buchpräsentationen zu organisieren.

Der Kundenkontakt spielt in allen Branchen eine wichtige Rolle. Dabei ist immer von großer Bedeutung, wie der Kontakt hergestellt wird und wie der Auftritt beim Kunden erfolgt. Letzthin haben wir erlebt, wie zwei Softwarefirmen ihre Produkte vorgestellt haben. Der erste Hersteller hat die Interaktion mit dem Kunden gesucht und hat mit verschiedenen Präsentationsmitteln wie Flipchart oder Live-

Demonstrationen gearbeitet. Die Präsentation des zweiten Unternehmens war monoton: endlose Powerpoint-Slides und Einwegkommunikation. Die Referenten blieben während der ganzen Präsentation in ihrem Sessel kleben. Sie können sich bestimmt vorstellen, welches Unternehmen schließlich den Zuschlag bekam.

Fazit: Qualität verkauft sich nicht von allein. Um erfolgreich zu sein, braucht es eine Portion Kreativität, regelmäßige Kundenkontakte und ein Kommunikations- und Verkaufskonzept.

1.4 _____ Welche Auszeichnungen gibt es für gute Qualität?

Weltweit existieren mittlerweile eine Vielzahl von Qualitätspreisen (Awards). Allein im deutschsprachigen Raum werden jährlich Dutzende Auszeichnungen für herausragende Leistungen im Qualitätsmanagement vergeben. Viele Unternehmen standen vor einigen Jahren vor der Frage, ob sie sich zertifizieren lassen wollen oder nicht (▷ Akkreditierung und Zertifizierung). Heute stellt sich diese Frage kaum mehr, da Lieferanten ohne einen offiziellen Qualitätsnachweis oft mit Nachteilen zu rechnen haben. Die Frage nach der Notwendigkeit einer Zertifizierung zielt allerdings in die falsche Richtung. Die Frage müsste lauten: «Wollen wir ein durchgängiges, transparentes und erfolgreiches Qualitätsmanagementsystem aufbauen?» Funktioniert nämlich das System, ist der Weg zum Zertifikat nur noch ein kurzer. Das Zertifikat bestätigt, dass das Unternehmen die Kriterien einer Norm oder eines Standards erfüllt hat. Das Qualitätsmanagementsystem hat ein bestimmtes Niveau erreicht. Natürlich wollen die Verantwortlichen eines Unternehmens dieses Niveau und damit die Wirkung des Qualitätsmanagementsystems laufend erhöhen. Im Rahmen der Aufrechterhaltungsaudits und der Rezertifizierungen werden die Fortschritte ausgewiesen. Erreicht ein Qualitätsmanagementsystem ein hohes oder exzellentes Niveau, kann sich ein Unternehmen um einen Qualitätsaward bewerben: eine lukrative Angelegenheit, nur schon wegen dem Vergleich mit anderen – qualitativ herausragenden – Unternehmen und der zu erwartenden Medienwirkung.

Eine Alternative zu den Awards bildet die Selbstbewertung nach eigenen ambitiösen Qualitätsstandards, die aber meistens auf den Qualitätspreis-Kriterien basieren.

Alle Qualitätspreise haben ein Ziel: Motivation der Unternehmen zur Anwendung ganzheitlicher Managementsysteme.

Der bekannteste und begehrteste Award in Deutschland ist der Ludwig-Erhard-Preis. Er ist die anerkannte nationale Auszeichnung für nachweislich nachhaltige Spitzenleistungen und Wettbewerbsfähigkeit aller Unternehmen und Organisationen und steht unter der Schirmherrschaft des Bundesministers für Wirtschaft und Technologie. Der Preis basiert auf dem ▷ EFQM-Modell für Excellence und wird jährlich vergeben.

Das Gegenstück zum Ludwig-Erhard-Preis bildet in der Schweiz der Swiss Excellence Award (Esprix). Er basiert ebenfalls auf dem EFQM-Modell und ist die bedeutendste Qualitätsauszeichnung in der Schweiz. Der Award wird jeweils von einem Mitglied des Bundesrats übergeben und ist für die Sieger mit einem erheblichen Prestigegewinn verbunden.

In Österreich ist der AQA (Austrian Quality Award) der bekannteste Qualitätspreis. Er wurde nach seinem Vorbild, dem EQA (European Quality Award), konzipiert und basiert auf dem vom EFQM abgeleiteten AFQM-Excellence-Modell.

Es existieren viele weitere Qualitätspreise, die einerseits die regionalen Unternehmen ansprechen (in Deutschland vergeben die meisten Bundesländer ebenfalls einen Qualitätspreis) oder andererseits gezielt Leistungen in einzelnen Funktionen (z. B. «Kundenchampions» für herausragende Leistungen im Kundendienst) oder einzelnen Branchen (z. B. «Excellence in Production» für Werkzeugproduzenten) honorieren.

2 _____ Hilfsmittel, Tools und Methoden

Es gibt unzählige Hilfsmittel und Tools zur Unterstützung des Qualitätsmanagements. Sie reichen von der einfachen ▷ Fehlersammelliste bis zu umfassenden Informatiklösungen, wie zum Beispiel ▷ CAQ. Nachfolgend werden die wichtigsten Tools und deren Einsatz vorgestellt.

2.1 _____ Welche Hilfsmittel und Tools unterstützen das Qualitätsmanagement?

Tools richtig einsetzen

Entscheidend sind die Methoden, die den Tools zugrunde liegen, und der richtige Einsatz, sprich die richtige Kombination dieser Methoden. Erst wenn dieses Zusammenspiel der Methoden untereinander und die Lieferung der relevanten Daten, ohne die das beste Tool keinen Nutzen bringt, optimal funktionieren, können aussagekräftige Resultate erwartet werden. Ist dies der Fall, darf von einem integrierten Qualitätsmanagementsystem gesprochen werden. Selbstverständlich existieren Modelle, die den Aufbau von Qualitätsmanagementsystemen unterstützen, indem sie grobe Strukturen vorgeben. In diesem Zusammenhang sei das ▷ EFQM-Modell erwähnt, welches die unternehmensinternen Zusammenhänge und Abhängigkeiten aufzeigt und beim Aufbau eines Qualitätsmanagementsystems hilfreich sein kann.

Diese systemischen Grundsätze, die bei der Entwicklung eines Qualitätsmanagementsystems beachtet werden sollten, werden nur von wenigen Unternehmen berücksichtigt, und die Zahl der einwandfrei funktionierenden Qualitätsmanagementsysteme ist weit geringer, als man annehmen dürfte. Leider reihen heute viele Unternehmen die unterschiedlichsten Softwaretools aneinander, beziehen Daten von verschiedenen Lieferantensystemen und generieren eine Unzahl von Kennzahlen, die sich häufig aufgrund der fehlenden Harmonisierung widersprechen. Eine wichtige Erkenntnis erfolgreicher Unternehmen ist, dass am Anfang eines funktionierenden Qualitätsmanagementsystems der Verzicht steht: nämlich die Bereitschaft, auf alle Tools zu verzichten, die man von der Funktionalität her zwar mittlerweile im Griff hat, die aber bei der Weiterentwicklung der Qualität in der Vergangenheit bei näherer Betrachtung keinen wichtigen Beitrag geleistet haben. Vielleicht ist es gerade dieser Verzicht, das Loslassen von vertrauten Abläufen und der Sprung ins kalte Wasser, der viele Manager daran hindert, die Einführung eines neuen Qualitätsmanagements zügig anzupacken.

Natürlich ist die Wahrung der Übersicht im Bereich des Qualitätsmanagements nicht immer einfach. Software-Hersteller blenden häufig die potenziellen Anwender mit skalierbaren CAQ-Lösungen (▷ CAQ – Computer-Aided Quality) und vermitteln den Eindruck, man müsste lediglich ihr Tool in Betrieb nehmen und schon würden einem auf Knopfdruck genau diejenigen Kennzahlen geliefert, die man schon immer benötigt hätte.

Tools sind – wie der Name sagt – Werkzeuge. Nicht jeder kann mit einer Kettensäge umgehen. Das gleiche gilt auch hier: Das Werkzeug allein hilft längst nicht immer und kann in der falschen Hand sogar kontraproduktiv wirken. Zuerst muss das richtige Werkzeug evaluiert werden (mit einem Schraubenzieher schlägt man keinen Nagel ein) und danach müssen kompetente Benutzer ausgebildet werden, die den zielgerichteten Einsatz planen und sicherstellen.

Richtig eingesetzt, können Tools den Aufwand für administrative Tätigkeiten im Qualitätsmanagement massiv senken. Die Denkarbeit – welches sind die richtigen Kennzahlen, welche Datengrundlagen werden zur Herleitung der Kennzahl verwendet – muss aber weiterhin durchgeführt werden und gehört zu den Kernkompetenzen eines Qualitätsmanagers.

Die sieben Qualitätswerkzeuge

Die sieben Qualitätswerkzeuge, kurz als «Q7» oder auch als Seven Tools bezeichnet, wurden vom Japaner Ishikawa ursprünglich zur Anwendung in Qualitätszirkeln zusammengestellt. Die Q7 sind visuelle Tools, mit denen Probleme dargestellt werden können, um anschließend deren Ursachen zu erforschen und Lösungsvarianten zu entwickeln. Sie wurden ursprünglich für den Werkstattbereich entwickelt und später für den Einsatz in modernen Fertigungsbetrieben erweitert. Die meisten dieser Werkzeuge basieren auf mathematischen und statistischen Grundlagen und sind in der Praxis anwendbar, da deren Einsatz keine spezielle Infrastruktur bedingt. Eine Pinnwand, verschiedenfarbige Stifte und einige beschreibbare Karten genügen als Hilfsmittel.

Vier der sieben Qualitätswerkzeuge werden vorwiegend in der Fehlererfassung und drei in der Fehleranalyse eingesetzt. Nachfolgend finden Sie die entsprechende Zusammenstellung.

- Phase 1 – Fehlererfassung: In der ersten Anwendungsphase, der Fehlererfassung, werden ▷ Fehlersammellisten, ▷ Histogramme, ▷ Qualitätsregelkarten und Flussdiagramme benutzt. Alle drei Hilfsmittel bieten die Möglichkeit, auf einfache Weise Informationen über Fehlerarten, -ursachen und -häufigkeiten zu erlangen und diese graphisch darzustellen.
  - □ Fehlersammelliste: Mit Hilfe einer Fehlersammelliste können Fehler auf einfache Weise direkt am Fehlerort festgestellt und erfasst werden. Fehlersammellisten sind einfach auszufüllen und liefern leicht verständliche Daten. Art und Anzahl von Fehlern werden schnell verdeutlicht. Die Fehlersammelliste

wird meistens bei Routinearbeiten und wiederkehrenden Arbeitsgängen eingesetzt. Vor dem ersten Einsatz einer Fehlersammelliste sollten die mit der Erfassung betrauten Mitarbeitenden instruiert werden, da ein uneinheitliches Handling der Liste die Auswertung leicht verfälschen könnte.

□ Histogramm: Das Histogramm – auch Häufigkeitsdiagramm genannt – ist eine graphische Darstellung von Messwerten. Dabei wird die Verteilung der Messwerte bezogen auf die Lage, Streuung und Form erkennbar gemacht. Mit dem Histogramm können Gesetzmäßigkeiten, die aufgrund des bloßen Datenstudiums nicht offensichtlich sind, leichter gefunden werden.

□ Qualitätsregelkarte: Die Qualitätsregelkarte ist ein Formblatt zur graphischen Darstellung von Werten, die bei der Prüfung einer fortlaufenden Reihe von Stichproben anfallen (▷ Stichprobenstrategie). Die erfassten Werte werden zum Zweck der Qualitätsüberwachung und -lenkung mit den vorab definierten Eingriffsgrenzen und gegebenenfalls mit den Warngrenzen verglichen.

□ Flussdiagramm: Das Flussdiagramm stellt die Abläufe oder Sequenzen eines Prozesses dar. Mit Hilfe von Symbolen werden die Arbeitsschritte visualisiert. Dieses Vorgehen hilft, die Arbeitsabläufe in ihrer logischen und/oder zeitlichen Struktur offenzulegen, und unterstützt – nicht zuletzt, weil ein Arbeitsteam dadurch eine einheitliche Sicht auf einen Prozess erhält – die Ursachenfindung.

■ Phase 2 – Fehleranalyse: In der nächsten Phase, der Fehleranalyse, kommen das ▷ Pareto-Diagramm, das ▷ Ursache-Wirkungs-Diagramm und das Korrelationsdiagramm (▷ Korrelation und Regression) zur Anwendung. Zur Generierung von neuen Denkanstößen wird mit Vorteil die Brainstormingmethode oder eine andere ▷ Kreativitätstechnik eingesetzt.

□ Pareto-Diagramm: Ein ▷ Pareto-Diagramm – auch Prioritätendiagramm genannt – konzentriert sich auf die Häufigkeit von Problemen in Verbindung mit dem potenziell größten Verbesserungsbeitrag. Es ist eine Tatsache, dass sehr oft wenige Ursachen einen Großteil der Wirkung erzeugen. Kennt man das Verhältnis zwischen den Ursachen und ihrer Wirkung, können die Prioritäten bei den Fehlerbeseitigungsmaßnahmen richtig gesetzt werden. Dazu wird die Rangfolge der verschiedenen Fehlerarten ermittelt. Zu den einzelnen Merkmalen

werden die Prozentanteile errechnet und zu Summenhäufig-
keiten addiert. Deren graphische Darstellung ergibt in der
Regel die typische Pareto-Verteilung.

- Ursache-Wirkungs-Diagramm (Fishbone-Diagramm, Fischgrätendiagramm): Dieses Modell – nach seinem Erfinder auch
Ishikawa-Diagramm genannt – ist eine graphische Darstellung, die in kompakter Form Ursachen für ein identifiziertes
Qualitätsproblem logisch und geordnet aufzeigt. Das Diagramm unterstützt bei der Aufspürung von Problemquellen,
die von Menschen, Maschinen, Methoden, Materialien oder
der Mitwelt (Milieu) verursacht werden.

- Korrelationsdiagramm: Das Korrelations- oder Streudia-
gramm bietet Gelegenheit, Wertepaare graphisch darzustellen,
um somit eine mögliche Beziehung zwischen zwei Variablen
zu untersuchen (▷ Korrelation und Regression). Bei der
Regression erkennt man, wie sich eine abhängige Variable y
bewegt, wenn sich eine unabhängige Variable x ändert. Als
Beispiel kann die Änderung des Benzinverbrauchs aufgrund
des Reifendrucks bei verschiedenen Fahrzeugen aufgeführt
werden.

Jedes dieser Werkzeuge kann für sich alleine angewendet werden.
Da die Qualitätswerkzeuge aufeinander aufbauen, bewirkt der Einsatz mehrerer Werkzeuge oft einen zusätzlichen Nutzen. So können
zum Beispiel die Fehler aus einer ▷ Fehlersammelliste in ein
▷ Pareto-Diagramm übertragen und so bildlich dargestellt werden.

Die Qualitätswerkzeuge werden sowohl von Einzelpersonen als
auch in Teams benutzt. Die Anwendung im Team bietet die Möglichkeit, Wissen aus verschiedenen Fachgebieten mit in die Problemlösung einfließen zu lassen. Das ideale Team besteht aus vier
bis sieben Mitgliedern, die einerseits mit dem zu behandelnden Problem, andererseits aber auch mit dem Einsatz der Werkzeuge vertraut sind. Die besten Ergebnisse werden erzielt, wenn die Moderation von einer neutralen Person wahrgenommen wird. Am Ende der
Sitzung sollen die erreichten Resultate nochmals kritisch betrachtet
werden. Danach erhält jedes Teammitglied eine Kopie der erarbeiteten Unterlagen zur Dokumentation und späteren Weiterbearbeitung.

Weitere Qualitätsmanagement-Tools

Neben den sieben klassischen Qualitätswerkzeugen können diverse
weitere Tools zum Einsatz kommen:

- ▷ FMEA: Analyse zur frühzeitigen Erkennung möglicher Fehler.
- ▷ 8-D-Methode: Umfassendes Toolset für kleinere Projekte.
- 5-S-Methode (▷ 5 S): Ansatz, um Ordnung und Sauberkeit sowie Arbeitssicherheit und verschwendungsarme Arbeitsabläufe zu ermöglichen.
- ▷ PDCA-Regelkreis: Planung, Umsetzung, Kontrolle und Nachbesserung von Maßnahmen und Lösungen.
- Prioritätenmatrix: Auswahltechnik zur Bewertung von verschiedenen Lösungsvarianten (siehe Fallbeispiel auf Seite 180ff.).

In den letzten Jahren entstand in vielen Unternehmen ein Trend zu einheitlichen und umfassenden Methoden. Die Basis dieser Managementmethoden ist eine Philosophie wie zum Beispiel die ständige Verbesserung. Auf der technischen Seite enthalten diese Methoden zum großen Teil die bereits bekannten Tools. In vielen Fertigungsbetrieben konnte sich die japanische Kaizen-Methode (▷ Kaizen) durchsetzen, die ähnlich wie die KVP-Methode (▷ KVP) auf eine kontinuierliche Verbesserung setzt. Andere Unternehmen setzen auf ▷ Six Sigma, eine aufgrund der Anzahl und der vielfältigen Einsatzmöglichkeiten der Werkzeuge sehr mächtige Methode. Six Sigma kann ebenfalls für stetige Verbesserungsschritte eingesetzt werden, ist aber vor allem prädestiniert für die Erzielung von echten Innovationssprüngen.

2.2 _____ Wie werden Kreativitätstechniken mit Erfolg im Qualitätsmanagement eingesetzt?

Die Kreativität des Menschen soll vor allem auch im Qualitätsmanagement durch methodische Hilfen gezielt zur Entfaltung gebracht werden. Meistens geschieht dies im Zusammenhang mit der Anwendung der bekannten Qualitätswerkzeuge (Q7, Seven Tools).

Die am häufigsten im Qualitätsmanagement eingesetzten ▷ Kreativitätstechniken sind Brainstorming und Brainwriting (Methode 6-3-5).

Der Erfolg dieser beiden Methoden hängt nicht nur von der Kreativität der Teilnehmer ab, sondern auch von deren Disziplin. Oft mündet ein Brainstorming in eine unstrukturierte Diskussion. Hier kann nur ein erfahrener Moderator helfen, der unnötige Diskussionen unterbindet und den Fokus der Teilnehmer immer wieder auf das aktuelle Thema richtet.

Eine der wenigen Kreativitätstechniken, die von den Teilnehmern keine sozialen Kompetenzen verlangt, ist die Delphi-Methode: Bei dieser Methode werden Spezialisten beauftragt, Ideen zu bestimmten Problemlösungen zu entwickeln. Diese Problemlösungen werden anonym so weiter verteilt, dass jeder Beteiligte den Vorschlag des anderen erhält und diesen kritisieren, ergänzen, weiterführen und korrigieren kann.

- Vorteile:
  □ Die Teilnehmer können auch örtlich getrennt voneinander arbeiten;
  □ es gibt keine Scheu, Kritik zu äußern;
  □ ungewollte Beeinflussungen werden ausgeschaltet.

- Nachteil:
  □ Relativ hoher Zeitaufwand.

Die Delphi-Methode kommt aufgrund des damit verbundenen Aufwands und vor allem aufgrund des Zeitbedarfs eher wenig zum Einsatz. Dies ist äußerst schade, weil vor allem mit dieser Methode Vorschläge entwickelt werden können, die mit wenig Aufwand umsetzbar sind.

2.3 _____ Was sind Qualitätszirkel und wie werden sie eingesetzt?

Wie Qualitätszirkel entstanden sind

Qualitätszirkel sind – meist unternehmensinterne – Arbeitsgruppen, die aus fünf bis zehn Mitarbeitenden eines oder mehrerer Arbeitsbereiche bestehen. Die Teilnehmer treffen sich freiwillig, um in regelmäßigen Sitzungen auftretende Probleme und Schwachstellen aus ihrem Arbeitsbereich zu analysieren und zu beheben. Unter der Anleitung eines Moderators werden Maßnahmen für die Umsetzung der Lösungsvorschläge entwickelt und eingeleitet. Ebenfalls festgelegt werden die Schritte für die Erfolgskontrolle. Die Sitzungen finden während oder außerhalb der regulären Arbeitszeit statt und werden vom Unternehmen gefördert und bezahlt. Alle Qualitätszirkelmitglieder sind gleichberechtigt und gehören überwiegend der Sachbearbeiterebene an.

Qualitätszirkel haben ihren Ursprung in Japan. Vor allem in der japanischen Autoindustrie wurden schon früh Qualitätsprogramme

aufgebaut, da man gezielt vom Image des Billiganbieters weg-
kommen wollte. Bei der Einführung der Qualitätszirkel standen die
in Japan sehr enge Bindung zwischen Betrieb und Mitarbeitern
sowie die Pflichterfüllung des Einzelnen gegenüber der Gruppe im
Vordergrund.

In diesem Zusammenhang kann unter anderem auf die Kaizen-
Methode (▷ Kaizen) verwiesen werden, die als übergeordnete
Qualitätsphilosophie das ständige Streben nach Verbesserung zum
Ziel hat und ebenfalls aus dem japanischen Arbeitsverständnis
heraus entstanden ist und stark auf diesen Werten basiert.

Bereits 1982 existierten in Japan etwa eine Million Qualitätszirkel. Dies ergibt umgerechnet acht bis zehn Millionen Mitglieder.
Die Qualitätszirkel haben auch mit dem Aufkommen von immer
wirksameren Qualitätswerkzeugen nicht an Attraktivität verloren.
Heute ist jede/r vierte japanische Mitarbeitende Mitglied in einem
Qualitätszirkel. In Europa hat sich der Qualitätszirkel nie im gleichen Ausmaß durchgesetzt. Dies mag vor allem an der weniger
strikten Arbeitsorganisation in Europa liegen. Dazu kommt, dass in
Japan die Motivation und das Engagement der Mitarbeitenden aufgrund der viel engeren Beziehung zum Arbeitgeber – die oft ein ge-
samtes Arbeitsleben dauert – sehr ausgeprägt sind.

Ziele der Qualitätszirkel

Im Rahmen der Zielsetzung von Qualitätszirkeln lassen sich auf-
gaben- und mitarbeiterbezogene Ziele unterscheiden.

- Aufgabenbezogene Zielsetzung: Aufgabenbezogene Ziele von
  Qualitätszirkeln, wie zum Beispiel die systematische und un-
  mittelbare Beseitigung von Problemen und Schwachstellen aus
  dem Arbeitsprozess, lassen sich größtenteils der operativen
  Ebene zuordnen.
  Ziel der Qualitätszirkelarbeit ist es, das Fachwissen, die Erfahrung und die Kreativität der Mitarbeitenden so einzusetzen, dass
  Verbesserungen erreicht werden können. Des Weiteren erhöht
  der gegenseitige Meinungsaustausch die Kooperationsbereit-
  schaft der Mitarbeitenden, und regelmäßige Gespräche unterstützen einen kooperativen Führungsstil. Gleichzeitig lernen die
  Beteiligten, Probleme aus verschiedenen Blickwinkeln zu betrachten, und erkennen die Zusammenhänge zwischen Ursache
  und Wirkung. Auf diese Art und Weise können umfassende und
  systematische Lösungsansätze gefunden werden. Die Tätigkeit
  am Arbeitsplatz wird durch die Arbeit in den Qualitätszirkeln

abwechslungsreicher, da sich die Mitarbeitenden nicht mehr als Einzelkämpfer betrachten, sondern ihre Position und ihren Beitrag in der gesamten Wertschöpfungskette kennen. Dieses Verständnis für den gesamten Prozess mündet – wie die Erfahrung zeigt – in eine Steigerung der Qualität der Arbeitsergebnisse.

- Mitarbeiterbezogene Zielsetzung: Die mitarbeiterbezogenen Zielsetzungen, die mit den Qualitätszirkeln erreicht werden sollen, haben langfristigen Charakter. Die Teilnehmer profitieren nicht nur auf der fachlichen Ebene, sondern entwickeln auch – dank der vielen Kontakte und der Teamarbeit – ihre Persönlichkeit weiter. Das Selbstwertgefühl steigt und damit auch die Arbeitszufriedenheit. Die zwischenmenschlichen Beziehungen innerhalb des Unternehmens werden durch die gemeinsamen Qualitätsbestrebungen verbessert.

  In japanischen Qualitätszirkeln gibt es strikte Regeln, die darauf abzielen, im zwischenmenschlichen Umgang vor allem die positiven Dinge zu erwähnen. Eine Regel lautet: «Schau, was der andere tut, und sage Positives.»

  Negative Kritik wird unterlassen, um auch zurückhaltenden Mitarbeitenden eine Chance zu geben, sich gewinnbringend in den Qualitätszirkeln zu engagieren.

Einer der wichtigsten Aspekte, auch im Hinblick auf künftige Problemstellungen, ist der Lernprozess, den die Mitarbeitenden bei der Anwendung von Problemlösungsmethoden durchlaufen. Im Qualitätszirkel lernen die Teilnehmer, Probleme zu definieren und zu analysieren. Lösungsvarianten werden gemeinsam entwickelt, hinterfragt, bewertet und umgesetzt.

Eines der strategischen Ziele der Qualitätszirkelarbeit besteht in der Entwicklung der Identifikation der Mitarbeitenden mit ihrer Arbeit. Mitarbeitende, die als Fachexperten unmittelbar in die Problemlösung einbezogen werden, verfestigen so ihre Bindung an das Unternehmen.

Voraussetzungen für den erfolgreichen Einsatz

Von den Vorgesetzten wird erwartet, dass sie das Engagement der Mitarbeitenden mit geeigneten Maßnahmen unterstützen. Sie sollen sich sachlich mit den vorgeschlagenen Änderungsmaßnahmen auseinandersetzen und – im Interesse eines schnellen Feedbacks – eine rasche Entscheidung treffen. Enorm wichtig für den Erfolg der Qualitätszirkel ist deren Wirksamkeit. Die Behandlung von nichtrelevanten Themen, die eine kleine Chance auf eine Umsetzung haben, wirkt sich negativ auf die Motivation der Beteiligten aus. Genau hier haben die Vorgesetzten eine große Verantwortung, indem sie die Qualitätszirkel an den wirklich wichtigen Fragestellungen arbeiten lassen. Dies mag banal klingen, doch gibt es immer wieder Fälle, wo Vorgesetzte Mühe haben, ihre aktuellen Probleme auf den Tisch zu legen.

Qualitätszirkel benötigen einen möglichst großen vom Management eingestandenen Handlungsspielraum. Die Rahmenbedingungen sollten die Kreativität und das Lösungsspektrum der Qualitätszirkel nicht einschränken und eine reibungslose Umsetzung der Lösungen in die Praxis ermöglichen. In innovativen Unternehmen besteht die Gefahr, dass neben den Qualitätszirkeln andere Organisationen und Instrumente zur Verbesserung der Qualität aufgebaut werden. Sobald diese unterschiedlichen Ansätze in Konkurrenz zueinander stehen, können sich Entscheidungskonflikte bilden. Weniger ist hier oft mehr. Aus diesem Grunde werden heute vermehrt integrierte Qualitätsmanagementsysteme eingesetzt, die die Ressourcen bündeln, Synergien nutzen und somit Doppelspurigkeiten verhindern. Qualitätszirkel können in einem Qualitätsmanagement eine tragende Rolle spielen, müssen aber optimal in die Umgebung eingepasst werden. Werden neben den Qualitätszirkeln noch Ad-hoc-Gruppen – zum Beispiel im Rahmen des ▷ KVP – eingesetzt, ergeben sich mit großer Wahrscheinlichkeit Abstimmungsprobleme.

Mitglieder von Qualitätszirkeln sollten eine gewisse Risikobereitschaft mitbringen. Sie müssen in der Lage sein, Fehlschläge und Misserfolge zu verkraften. Natürlich machen die Teilnehmer einen Entwicklungsprozess durch und sind nicht von Anfang an gegen Frustration gefeit. Gerade um Neueinsteiger schnell auf ein gutes Niveau zu bringen, ist es nötig, dass Qualitätszirkel in der Zusammensetzung eine gewisse Kontinuität erreichen. Erfahrene Mitarbeitende können den Neuen eine gute Einstiegshilfe bieten. Um die Wirksamkeit eines Qualitätszirkels zu gewährleisten, muss die Skepsis, die neue Mitglieder gegenüber diesem Instrument entwickeln können, minimiert werden. Dies geschieht über die schnelle Integration und die Teamkultur. Die Teilnahme in Qualitätszirkeln ist freiwillig. Wer unter Druck und Zwang arbeiten muss, bringt keine guten Resultate.

Die verschiedenen Rollen und ihre Aufgaben

In der Regel werden in einem Unternehmen verschiedene Qualitätszirkel eingesetzt, die von einer Steuergruppe geführt werden. Zu den Aufgaben der Steuergruppe gehört die Planung und die Organisation der Qualitätszirkel. Die Steuergruppe koordiniert zwischen den verschiedenen Zirkeln und wählt die Moderatoren aus, sie wertet die erzielten Ergebnisse aus und übergibt sie bei Bedarf zur Weiterentwicklung.

Die Moderatoren können den Erfolg der Qualitätszirkel maßgeblich beeinflussen. Neben der Moderation der Gruppensitzungen sind die Moderatoren für die Präsentation der Ergebnisse zuständig. Vor allem stellen sie sicher, dass die Zirkel immer über die notwendigen Arbeitshilfen verfügen. Die Moderatoren kennen sich in der Anwendung von Problemlösungs- und Entwicklungsmethoden aus und schulen die Qualitätszirkelteilnehmer in deren Anwendung.

Die Qualitätszirkelmitglieder erarbeiten in erster Linie Lösungen zu den Problemstellungen. Dabei beraten und unterstützen sie einander. Erfahrene Teilnehmer sind auch in der Lage, bei Bedarf einen Qualitätszirkel zu moderieren.

Phasen der Qualitätszirkelarbeit

Die Arbeit in den Qualitätszirkeln läuft in der Regel nach folgenden Phasen ab:

- Problemerfassung: Die Themen für die Qualitätszirkel werden auf unterschiedliche Arten zusammengetragen. In der Regel ergeben sie sich aus Befragungen und Diskussionen innerhalb des Unternehmens oder werden aufgrund von konkreten Fehlern und Defekten offensichtlich. Weiter können Kennzahlensysteme und Qualitätsreports Hinweise auf Schwachstellen und Fehler geben. Die gesammelten Schwachstellen und Fehler werden thematisch zusammengefasst und die Problemstellung wird gut verständlich und möglichst konkret formuliert.
- Themenwahl: Die formulierten Problemstellungen werden hinsichtlich ihrer Bedeutung untersucht und entsprechend priorisiert (Prioritätenmatrix; siehe Fallbeispiel auf Seite 180ff.).
- Ursachenanalyse: Die Ursachen der einzelnen Probleme werden ermittelt und gewichtet. Das ▷ Ursache-Wirkungs-Diagramm (Ishikawa-Diagramm) leistet dabei gute Dienste.
- Problemlösung: Lösungsmöglichkeiten werden zusammengetragen und bewertet (▷ Aufwand-Nutzen-Matrix). Die besten Ideen werden zur Realisierung vorgeschlagen.
- Präsentation: Die Ergebnisse werden den Arbeitskolleginnen und -kollegen und Vorgesetzten vorgestellt.

- Erfolgskontrolle: Die Wirksamkeit der umgesetzten Lösungen wird von den für die Überwachung zuständigen Personen kontrolliert. Zeigt sich kein Erfolg, wird das Problem im Qualitätszirkel erneut aufgenommen.

Spielregeln für Qualitätszirkel

1. Alle arbeiten aktiv mit.
2. Fehler werden akzeptiert. Es werden keine Schuldigen gesucht.
3. Alle können ihre Gedanken frei und offen äußern.
4. Jeder wird so akzeptiert, wie er ist.
5. Man hört einander zu, jede Meinung zählt.
6. Kritik ist als Denkanstoß und nicht als persönlicher Angriff zu verstehen.
7. Konflikte werden offen und konstruktiv ausgetragen.
8. Alle fokussieren sich auf das Wesentliche.
9. Man unterstützt einander.
10. Zielvereinbarungen werden eingehalten.
11. Spaß und Humor haben ihren Platz.

Abbildung 2 fasst die Chancen und Risiken von Qualitätszirkeln zusammen.

Abb. 2: Chancen und Risiken von Qualitätszirkeln

Chancen/Stärken	Risiken/Schwächen
■ Das Qualitätsbewusstsein der Mitarbeitenden erhöht sich.	■ Die Mitarbeitenden und die Vorgesetzten entwickeln zu hohe Erwartungen.
■ Das Betriebsklima verbessert sich.	
■ Die Motivation und Arbeitszufriedenheit der Mitarbeitenden werden gefördert.	■ In der Einführungsphase entsteht ein hoher Betreuungsaufwand.
■ Probleme werden früher erkannt.	■ Es entwickeln sich Spannungen zwischen Mitgliedern und Nichtmitgliedern.
■ Die Mitarbeitenden lernen, die Probleme ihrer und anderer Arbeitsplätze besser zu verstehen.	
■ Vorgesetzte erfahren die Sorgen und Probleme ihrer Mitarbeitenden und können darauf eingehen.	■ Die Umsetzung der Vorschläge dauert zu lange.
	■ Die Methodenausbildung der Teilnehmer ist ungenügend.
■ Die Mitarbeitenden fühlen sich für ihre Arbeit vermehrt verantwortlich.	■ Es stehen zu wenig qualifizierte Moderatoren zur Verfügung.
■ Die Fehlzeiten der Mitarbeitenden gehen zurück.	■ Die Führungskräfte sehen die Qualitätszirkel nur als «Feierabendtätigkeit».
■ Die Mitarbeitenden lernen, im Team zu arbeiten.	
■ Die Zusammenarbeit zwischen den verschiedenen Abteilungen verbessert sich.	■ Die operativen Tätigkeiten werden höher gewichtet als die Arbeit in den Qualitätszirkeln.
■ Die Mitarbeitenden können inhaltlich Einfluss nehmen.	■ Es ist schwierig, geeignete Teilnehmer zu rekrutieren.

2.4 _____ Wie können Beschwerden zur Verbesserung der Qualität genutzt werden?

Das Beschwerdemanagement ist heutzutage in allen Bereichen ein bedeutendes Instrument der kundenorientierten Qualitätsprüfung. Bedenkt man, wie teuer und zeitaufwendig es für ein Unternehmen ist, sich zu überlegen, wie man ein Produkt noch besser und noch marktgerechter gestalten kann, ist es vergleichsweise günstig, diese Hinweise durch Beschwerden «frei Haus» zu erhalten.

Der einheitliche und systematische Umgang mit Beschwerden wird als Beschwerdemanagement bezeichnet. Grundsätzlich geht es bei diesem problemorientierten Qualitätsmessverfahren um die Wiederherstellung von Kundenzufriedenheit. Unzufriedenheit kommt zustande, wenn die erlebten Leistungen nicht den erwarteten entsprechen. Darauf folgen Kundenbeschwerden. Beschwerden sind oft subjektiv und emotional, doch sie enthalten aktuelle Informationen und zeigen, dass im Unternehmen etwas nicht stimmt. Auch wenn sich nur ein Bruchteil der Kunden beschwert und die Beschwerden somit lediglich die Spitze eines Eisbergs darstellen, bildet die Beschwerdeanalyse eine kostengünstige Form der Marktforschung.

Jede Beschwerde liefert Anhaltspunkte zur Verbesserung der eigenen Kenntnisse über Marktverhältnisse und Kundenstruktur sowie über Notwendigkeiten und Möglichkeiten zur Qualitätsoptimierung. Mündlich oder schriftlich artikulierte Kundenbeschwerden können zum einen Hinweise über mögliche Qualitätsdefizite geben und Verbesserungspotenziale – zum Beispiel im Bereich der Serviceleistungen – aufzeigen. Zum anderen kann eine für den Kunden zufriedenstellende Beschwerdebearbeitung zu einer höheren Kundenbindung führen.

Es wird zwischen einem aktiven und einem reaktiven Beschwerdemanagement unterschieden. Im Rahmen des reaktiven Beschwerdemanagements steht die Bearbeitungsdauer einer Beschwerde im Vordergrund, während das aktive Beschwerdemanagement die Beschwerdestimulierung zum Ziel hat. Im Gegensatz zum «fishing for compliments» geht es hier um «complaint fishing», d.h. darum, die Kunden zu ermuntern, kritische Äußerungen dem Unternehmen gegenüber kundzutun.

Ein funktionierendes Beschwerdemanagement kann nach folgenden Schritten organisiert werden:

- Beschwerdestimulierung,
- Beschwerdeannahme,

- Beschwerdebearbeitung/Beschwerdereaktion,
- Beschwerdeanalyse.

Es ist nicht nur aus finanziellen Gründen von Vorteil, die Verbesserungspotenziale im Rahmen des Beschwerdemanagements auszuschöpfen. In Bezug auf eine zweckmäßige Gestaltung der Beschwerdeannahme sind einige Hürden und Barrieren abzubauen. Durch die Bereitstellung von sogenannten Comment Cards oder Meckerkästen vor Ort wird es den Kunden erleichtert, sich negativ oder auch positiv über die gerade in Anspruch genommene Dienstleistung zu äußern. Wenn Mitarbeitende die Kunden im Rahmen der jeweiligen Interaktion direkt zur Mitteilung von Anregungen, Wünschen oder Defiziten auffordern, kann dies helfen, Hemmschwellen bei den Kunden abzubauen.

Die Reaktionszeit für die Bearbeitung einer Beschwerde wird richtigerweise als Qualitätsmerkmal des Beschwerdemanagements eines Unternehmens angesehen. Die Bearbeitungszeit einer Beschwerde ist natürlich abhängig von der Komplexität der Materie, sollte aber trotzdem auf höchstens drei Tage festgelegt werden. Bei einer innerbetrieblich notwendigen Weiterleitung der Beschwerde und somit der Verlängerung der Bearbeitungszeit sollten Zwischenbescheide verschickt werden. So wird dem Kunden signalisiert, dass die eingereichte Beschwerde ernst genommen wird und bereits erste Maßnahmen getroffen wurden. Je nach Branche und Inhalt der Beschwerde ist es sinnvoll, verstärkt der Fragestellung nachzugehen, welche Reaktionen die Kunden als angemessen und fair betrachten. Die wichtigsten «Lösungen» sind:

- materielle Lösungen: Geschenke (Kugelschreiber, Kalender, Gutscheine);
- immaterielle Lösungen: Entschuldigungen, Erklärungen, Informationen;
- finanzielle Lösungen: Rabatte, Erstattung des Preises, Schadenersatz.

Wie gesagt spielt es bei der Wahl der richtigen Reaktion eine entscheidende Rolle, welche Dienstleistung oder welches Produkt der enttäuschte Kunde in Anspruch nehmen wollte. Ein Hotelgast, der die versprochene Meersicht nicht erhalten hat, wird sich kaum mit einem Kugelschreiber oder einer Entschuldigung zufriedengeben. Ein Abendessen oder eine Gratisübernachtung wären hier sicherlich angezeigt.

Praxistipp

In jeder Reklamation liegt eine Chance. Seien Sie nicht knauserig, und verblüffen Sie die Kunden mit einer schnellen Reaktion und mit einer großzügigen Geste.

2.5 _____ Wie wird Kaizen zum Erfolgsfaktor?

In Verbindung mit dem Qualitätsgedanken steht der japanische Begriff «Kaizen» (kai: Veränderung; zen: zum Besseren, im positiven Sinne). ▷ Kaizen ist eine Managementphilosophie, die die prozessorientierte Denkweise unterstützt und das Streben nach fortlaufender, stetiger Verbesserung in allen Bereichen ausdrückt. Diese Geisteshaltung ist gleichzeitig Ziel und grundlegende Verhaltensweise im alltäglichen Privat- und Berufsleben.

Kaizen hat seit seiner Entstehung nichts an Aktualität eingebüßt und kann im Unternehmensbereich als das wohl wichtigste japanische Managementkonzept betrachtet werden. Kaizen ist eine ständige, nicht endende Folge von kleinen Verbesserungen aller betrieblichen Elemente unter Einbezug aller Mitarbeitenden, Führungskräfte und der Geschäftsleitung.

Im Gegensatz zu anderen Managementmethoden setzt Kaizen bei den Mitarbeitenden an und betont vor allem den Menschen und sein Potenzial zur Problemlösung. Die Investitionen richten sich daher weniger auf Technologien als vielmehr auf das Humankapital. Ausgaben für Personal, insbesondere für Aus- und Weiterbildung, stellen demnach keinen Kostenfaktor, sondern eher eine Investition in die Zukunft dar. Denn gut qualifizierte und lernfähige Mitarbeitende, die für Veränderungen offen sind und diese mittragen, bilden den Grundstein für den Erfolg von Kaizen und dadurch für den Erfolg des Unternehmens in der Zukunft.

Organisatorische Ausgangspunkte der Kaizen-Aktivität sind die Qualitätszirkel. Unternehmen, die bereits Erfahrung mit Qualitätszirkeln haben, tun sich einfacher mit der Einführung von Kaizen. Kaizen ist eine Denkhaltung und kann nur bedingt mit Aus- und Weiterbildung erreicht werden. Der Mensch glaubt nur, was er selber erlebt hat. Mit anderen Worten: Er braucht Erfolgserlebnisse! Die Mitarbeitenden müssen spüren, dass ihre Erfahrung im Unternehmen etwas zählt, sie müssen erleben, wie ihre Ideen vom Management aufgenommen und weiterbehandelt werden. Die Kaizen-Philosophie geht von einem Miteinander aus. Gute Ideen sollen unter den Mitarbeitenden ausgetauscht und auf diese Weise optimiert werden.

In Europa sind viele Firmen dazu übergegangen, gute Vorschläge zu prämieren oder die Leistungen verschiedener Arbeitsteams untereinander zu vergleichen und somit eine Wettbewerbssituation zu schaffen. Dieses Vorgehen stellt ebenfalls eine Möglichkeit dar, die Performance eines Unternehmens zu verbessern. Doch ist diese Philosophie mit Kaizen nicht vereinbar. Kaizen und ▷ KVP haben sehr viele Parallelen. Insbesondere die Philosophie, die hinter den beiden Methoden steckt, ist sehr ähnlich. Wird Kaizen – oder auch KVP – in einem Unternehmen eingeführt, ist dies meistens mit sehr großem Kommunikationsaufwand verbunden. Oftmals wird den Mitarbeitenden suggeriert: «Mit Kaizen bekommt ihr ein Instrument in die Hand, mit dem sich die betriebliche Performance auf einfache Weise verbessern lässt.» – ein Fehler! Den Mitarbeitenden muss von Anfang an klargemacht werden, dass der Erfolg von Kaizen in jedem Fall über sie, ihre Erfahrung und ihren Einsatz führt. Werden diese Punkte gebührend berücksichtigt, werden bereits in der ersten Phase nach der Einführung viele Vorschläge eingereicht. Es ist wichtig, dass diesen Vorschlägen und Ideen genügend Beachtung geschenkt wird. Auch nicht realisierbare Ansätze sollen verdankt und – mit einer ausführlichen und stichhaltigen Begründung – abgelehnt werden. Das Phänomen der hohen Anzahl von Verbesserungsideen in der Startphase ist auf den Nachholbedarf und eine erste Euphorie («Endlich ist unsere Meinung gefragt!») zurückzuführen. Nach einer gewissen Zeit wird die Anzahl Ideen aufgrund des erreichten Sättigungsgrades abnehmen. In dieser Phase sollte das Hauptaugenmerk auf die Stabilisierung des Systems gerichtet werden. Einige Unternehmen reagieren auf diesen Effekt, indem sie Vorgaben aufstellen: Jede Abteilung soll innerhalb einer gewissen Zeitspanne eine bestimmte Anzahl Ideen umsetzen. Ein solches Vorgehen kann kontraproduktiv wirken, da zu viel Gewicht auf die quantitativen statt auf die qualitativen Aspekte gelegt wird.

2.6 ____ Warum ist die Ursachenfindung von zentraler Bedeutung?

Tritt in einem Produktionsprozess ein Fehler auf, werden in der Regel Sofortmaßnahmen entwickelt, um den Fehler auszumerzen. Diese Sofortmaßnahmen sind meistens reaktiver Art. Das heißt, die Auswirkungen des Fehlverhaltens werden so gut wie eben in der Eile möglich korrigiert. Produkte werden – mit einem entsprechend

Sofortmaßnahmen

1. Die Lötstellen eines elektronischen Produkts sind brüchig. Die fertigen Fabrikate müssen alle nochmals speziell auf unsaubere Lötstellen untersucht und die fehlerhaften Produkte nachbearbeitet werden.
2. Dem Kunden kann trotz erfolgter und bestätigter Buchung kein Sitz im gewünschten Flug nach New York angeboten werden. Die Fluggesellschaft bietet dem Kunden einen Sitz im nächstmöglichen Flug an, verbunden mit einem Gratis-Upgrade in die Business Class und einigen Gratismeilen für den nächsten Flug.

hohen Aufwand – nachbearbeitet, oder die Kunden eines fehlerhaften Produkts oder einer nichtoptimalen Dienstleistung erhalten einen Preisnachlass.

Es liegt auf der Hand, dass solche Sofortmaßnahmen durch den Zusatzaufwand hohe Kosten verursachen, ein Mehraufwand, der nur verhindert werden kann, indem die Gründe für das Fehlverhalten eliminiert werden. Im ersten Beispiel kann die Ursache in der Verwendung eines minderwertigen Lötzinns oder in einer Fehlfunktion des Lötroboters liegen. Im zweiten Beispiel könnte ein Softwarefehler im Buchungsprogramm vorliegen.

Diese Ursachen gilt es herauszufinden. Dazu können je nach Komplexität der Fragestellungen Hilfsmittel – wie zum Beispiel das Ishikawa-Diagramm (▷ Ursache-Wirkungs-Diagramm) – verwendet werden. Eine weitere einfache, aber wirksame Methode ist die ▷ 5×-Warum-Technik, die ohne spezielle Hilfsmittel sofort und jederzeit angewendet werden kann (siehe Beispiel auf Seite 36).

Bei komplizierten Sachverhalten ist eine seriöse Ursachenanalyse unter Beizug von Fachexperten Pflicht. Auf keinen Fall sollte in Bezug auf Problemursachen spekuliert werden. Das Arbeiten aufgrund von bloßen Vermutungen ist kostenintensiv und löst das Problem nicht. Wird dennoch nach dem sogenannten Trial-and-Error-Prinzip gearbeitet, muss sichergestellt werden, dass bei einem Misserfolg die ursprüngliche Situation wiederhergestellt werden kann. Dies wird zum Beispiel explizit in der Softwareentwicklung praktiziert, wo immer mehrere Versionen eines Systems geführt werden. Stellt sich im Nachhinein eine getroffene Lösung als kontraproduktiv heraus, kann so mindestens auf einen alten Softwarestand gewechselt werden.

Das Arbeiten mit Vermutungen kann aber auch auf einer methodischen Ebene erfolgen. Man spricht in diesem Fall nicht mehr von

Ursachenfindung/5×-Warum-Technik

Ein S-Bahn-Zug trifft regelmäßig fünf Minuten zu spät am Zielbahnhof ein.

«Warum trifft der Zug zu spät ein?»
«Weil er bereits im Abgangsbahnhof mehrere Minuten zu spät losfährt.»

«Warum fährt er zu spät los?»
«Weil er das Eintreffen eines anderen Zugs – der regelmäßig verspätet ist – abwarten muss.»

«Warum ist dieser andere Zug regelmäßig verspätet?»
«Weil der Fahrgastwechsel auf einem Unterwegsbahnhof zu lange dauert.»

«Warum dauert der Fahrgastwechsel zu lange.»
«Weil um diese Uhrzeit viele Menschen unterwegs sind und der Fahrgastwechsel über lediglich vier Türen vollzogen werden muss.»

«Warum stehen lediglich vier Türen zur Verfügung?»
«Weil sich zwei Türen wegen Störungen in der Bordelektronik nicht öffnen lassen.»

Die Lösung des Problems besteht also in der Behebung der Türstörung oder in der Auswechslung des defekten Rollmaterials.

Vermutungen, sondern von Hypothesen. Eine aufgestellte Hypothese kann im Rahmen eines ▷ Hypothesentests bestätigt oder widerlegt werden.

Heutzutage werden vom Management immer schnellere Entscheidungen gefordert. Qualitätsprodukte, die den Bedürfnissen der Kunden entsprechen, sind noch keine Erfolgsgarantie. Bringt die Konkurrenz ein vergleichbares Produkt in kürzerer Zeit auf den Markt, hat man das Nachsehen. Aus diesem Grund besteht heute oft die Tendenz zu überhasteten Entscheidungen. Treten Fehler auf, werden Sofortmaßnahmen ergriffen und die Zeit für eine umfassende Ursachenanalyse fehlt. Da die Sofortmaßnahmen das Überleben sichern, ist deren Durchführung unbestritten. Das Unterlassen einer konsequenten Ursachenfindung und -beseitigung wird sich auf lange Frist rächen. Geht eine Person über Bord, wird ihr ein Rettungsring zugeworfen, um das Ertrinken zu verhindern. Wenn danach nicht weitere Maßnahmen zur Bergung der Person eingeleitet werden, wird sie früher oder später an Unterkühlung sterben. Um eine Wiederholung des Ereignisses zu verhindern, muss eine Ursachenanalyse durchgeführt werden. Daraus können dann Maßnahmen erfolgen wie beispielsweise das Anbringen einer Reling oder die Installation eines rutschfesten Bodens.

Ausgewogene Kennzahlensysteme helfen, der Ursachenanalyse das notwendige Gewicht zu verleihen. Wenn die Prozessqualität nur über Nacharbeiten und Korrekturen gewährleistet werden kann, muss dies aus den Kennzahlen zu den Prozesskosten ersichtlich werden.

2.7 _____ Was sind Audits, welche Arten gibt es und wann setzt man diese ein?

Audits sind mehr als Kontrollen

Unter Audit versteht man die systematische Untersuchung von Aktivitäten und ihren Ergebnissen anhand von Vorgaben und spezifischen Anforderungen. Noch vor ein paar Jahren war der Begriff Audit fast unbekannt. Man sprach damals von Kontrollen oder Inspektionen. Obwohl Audits ebenfalls Kontrollinstrumente sind, sind sie nicht mit den ursprünglichen Kontrollen zu vergleichen. Wie sich die Methoden in der Qualitätssicherung verändert haben, so hat sich auch der Charakter der Qualitätskontrollen verändert. Heute stehen Aspekte wie Innovation, ▷ Prozessoptimierung oder Mitarbeiterbefähigung im Vordergrund. Die reine Kontrolltätigkeit, der fokussierte Blick auf ein Produkt oder eine einzelne Tätigkeit, sind in den Hintergrund getreten. Während in der Vergangenheit vor allem die Fertigungsprozesse überprüft wurden, hat sich das Auditwesen mittlerweile in alle Bereiche der Unternehmen ausgedehnt (Finanzen, Informatik, Verkauf, Kundendienst etc.).

Je nach Gegenstand der Überprüfung wird zwischen Fach-, Prozess- und Systemaudit unterschieden.

Fachaudit

Qualitätskontrollen und -prüfungen bilden eine wichtige Stütze im Qualitätsmanagement. Mit der Philosophie der Prozessoptimierung und dem Einsatz von integrierten Qualitätsmanagementsystemen verlieren die punktuellen Kontrollen an einem bestimmten Ort (z.B. die Endkontrolle) tendenziell an Bedeutung. Hingegen werden Audits, die nur einen Teilaspekt eines Prozesses untersuchen, weiterhin häufig durchgeführt. Einerseits, weil sie Aufschluss über die fachlichen Qualitäten der Mitarbeitenden geben, und andererseits, weil diese Form von Audits häufig von den Aufsichts- und Genehmigungsbehörden angewendet wird.

Man spricht in diesem Zusammenhang von Fachaudits. Der Auditor ist in diesem Fall ein Fachexperte, der die fachlich richtige Ausübung einer Handlung überprüft. Hier einige Beispiele von Tätigkeiten, die mittels Fachaudit überprüft werden können:

- Kranbedienung auf einer Baustelle,
- Durchführen einer Bremsprobe an einem Güterzug,
- Vorgehen beim Fällen eines Baumes,
- Versandprozess in einem Logistikzentrum,
- Montage eines Bauteils in der Autoindustrie.

Diese Audits werden in festgelegten Intervallen durchgeführt. Sie haben Prüfungscharakter. Je nach Branche, Unternehmenskultur oder Durchführungszweck erfolgen diese Audits angemeldet oder unangemeldet.

 Praxistipp ————————————————————————

Sollen Audits angekündigt werden oder nicht? Eine Frage, die die Gemüter regelmäßig erhitzt. Eine eindeutige Antwort gibt es nicht. Die Erfahrung hat gezeigt, dass beide Formen ihre Berechtigung haben. Die Unternehmenskultur spielt bei der richtigen Anwendung eine entscheidende Rolle. Werden zum Beispiel aufgrund eines angekündigten Audits die Arbeitsschichten anders eingeteilt (schwächere durch stärkere Mitarbeitende ersetzt), sollten Sie es einmal mit unangemeldeten Audits versuchen.

Prozessaudit (Verfahrensaudit)

Ein funktionierendes Qualitätsmanagementsystem basiert auf einer transparenten Prozessorganisation. Konkret: Nur wenn die dokumentierten Prozesse mit den Abläufen in der Realität übereinstimmen, kann die Qualität überwacht und gesteuert werden. Es muss also sichergestellt werden, dass die aufgezeichneten Prozesse immer auf dem neuesten Stand sind. Zu diesem Zweck können Prozessaudits (Verfahrensaudits) durchgeführt werden. Die Auditoren müssen über keine speziellen Fachkenntnisse verfügen. Im Gegenteil, zu viel Fachwissen kann in diesem Fall hinderlich sein und kann vom eigentlichen Ziel «Vergleich des Prozesses mit den tatsächlichen Abläufen» ablenken.

In einem Prozesssystem besitzt jeder Prozess einen Eigner (process owner). Diese Person ist für den Output des Prozesses verantwortlich und überwacht diesen mit den entsprechenden Kennzahlen.

Der Prozesseigner hat ein Interesse, seine Abläufe so optimal wie nur möglich zu gestalten. Werden die vorgenommenen Optimierungen sauber im Prozesssystem festgehalten, müssen keine regelmäßigen Prozessaudits durchgeführt werden. Ist dies tatsächlich der Fall, kann von einem dynamischen Qualitätsmanagementsystem gesprochen werden: Die Prozesseigner überwachen die Qualität ihrer Prozesse permanent, auftretende Mängel werden frühzeitig erkannt und behoben. Die Prozesse werden laufend dem sich ständig ändernden Umfeld angepasst und optimiert.

Systemaudit

Wird bei einem Audit das gesamte Managementsystem betrachtet, spricht man von Systemaudits (siehe auch ▷ Qualitätsaudit). Diese werden aufgrund des Aufwandes und des Umfangs weniger häufig durchgeführt. Wichtig bei der Durchführung ist eine gewisse Regelmäßigkeit. Wenn die Systemaudits von Aufsichtsbehörden oder akkreditierten Stellen (▷ Akkreditierung und Zertifizierung) durchgeführt werden, ist das Prüfintervall häufig vorgegeben. Ein Systemaudit pro Jahr bildet die Regel. Dieses Intervall erlaubt auch, die Fortschritte eines Systems erkennbar zu machen. Ohne das Instrument Audit wären der Aufbau, die Zertifizierung und die Aufrechterhaltung eines Managementsystems nicht denkbar.

Ein Systemaudit eines mittelgroßen Unternehmens erfordert eine entsprechende Planung und kann nicht von heute auf morgen durchgeführt werden. Erfolgt die Durchführung durch eine Behörde oder einen Zertifizierer, sollte frühzeitig das Gespräch gesucht werden, um die einzelnen Auditsequenzen zeitlich zu planen und die Auditoren, die Prozessverantwortlichen und die internen Begleiter zu bezeichnen. Sinnvollerweise werden Systemaudits nach den Kernprozessen strukturiert. Die Auditoren treffen in den einzelnen Sequenzen auf die Prozesseigner. Der interne Begleiter hat die Aufgabe, den Bezug zu anderen Prozessen und den organisatorischen Ablauf sicherzustellen.

3 _____ Die Rolle der Kunden

3.1 _____ Was erwarten die Kunden von uns?

Freundlich zu sein, reicht nicht

Der Kunde erwartet eine Leistung, ein Produkt, das seinen Anforderungen entspricht. Eine zuvorkommende Behandlung ist durchaus wünschenswert, doch nur freundlich zu sein, reicht nicht: Als ein Kunde mit seinem Squash-Racket mit gerissenen Saiten in einem Sportgeschäft die Verkäuferin fragte, ob das Neubespannen von Rackets zum Angebot gehöre, nahm sie ihm das Sportgerät aus der Hand und betrachtete es mitfühlend. Dann schaute sie ihn mit unschuldigen Augen an und meinte: «Keine Ahnung, ich bin neu hier.» Dazu lächelte sie zuvorkommend.

Freundlichkeit alleine reicht tatsächlich nicht. Der Kunde erwartet Zuverlässigkeit bei der Leistungserbringung sowie Einsatzwillen und Schnelligkeit bei der Lösung seiner Probleme. Nur wenn diese Anforderungen aus seiner Sicht erfüllt sind, ist er bereit, dafür zu bezahlen. Die Kunden wollen angehört und vertrauenswürdig behandelt werden. Ihre Bedürfnisse sollen ernst genommen und mit hoher Priorität erfüllt werden. Liefergeschwindigkeit, Individualisierbarkeit der Leistung, Beratungsintensität und -tiefe sind weitere Kundenbedürfnisse, die je nach Branche eine unterschiedliche Rolle spielen. Die Beurteilung der Leistung aus Sicht des Kunden ist immer objektiv, auch wenn das Kundenurteil alleine auf einem subjektiven Empfinden basiert. Dieser Qualitätsdimension gebührt die volle Aufmerksamkeit.

Kundenerwartungen können vielfältig sein

Die Erwartungen der Kunden zu erkennen, ist die wichtigste Voraussetzung, um sie erfüllen zu können – eine simple, aber eminent wichtige Erkenntnis. Kunden können sehr unterschiedliche Erwartungen haben. Zum Teil befinden sich diese auf einer technischen Ebene und sind sehr konkret, zum Teil befinden sie sich auf der Gefühlsebene und sind dementsprechend schwammig und schlecht quantifizierbar. Oftmals werden diese emotionalen Anforderungen von den Kunden selber nur unbewusst wahrgenommen. Die Anforderungen an Dienstleistungen und Produkte können sich zudem im Laufe der Zeit verändern, und häufig ist es eine riesige Herausforderung, die Erwartungen zu spüren oder gar vorherzusehen und somit ein Optimum an Leistungserfüllung zu erreichen. Die Erwartungen der Kunden werden mit Vorteil in einem Managementsystem, einer Datenbank oder einer Kundendatei festgehalten und laufend aktualisiert. Die folgende Checkliste kann bei der Ermittlung von Kundenerwartungen behilflich sein. Kunden können Erwartungen haben bezüglich folgender Aspekte:

- Abhängigkeitsbereitschaft: Exklusivlieferanten verzichten auf eine Risikostreuung und gehen ein entsprechend hohes Klumpenrisiko ein. Beispiel: Nexans, ein führender Anbieter von Industriekabeln, hat mit zwei großen japanischen Werften einen Exklusivvertrag über die Lieferung von Schiffskabeln im Umfang von 16 Mio. Euro abgeschlossen. Der Vertrag hat eine Laufzeit von drei Jahren. Der Lieferant ist gezwungen, in seine Produktionskapazitäten zu investieren und wird entsprechende Anstrengungen unternehmen, um nach Ablauf der Vertragsdauer Aufträge zu ergattern, die es erlauben, dieses Umsatzniveau zu halten.
- Technische Qualität: Wie folgendes Beispiel zeigt, können die technischen Qualitäten von gesetzlichen Vorgaben beeinflusst werden, doch schließlich kommt den Kundenanforderungen trotzdem eine tragende Rolle zu: Im Beleuchtungsmarkt haben in der EU Gesetzesänderungen für eine neue Dynamik gesorgt. Die altbekannte Glühbirne wurde durch die Energiesparlampe ersetzt, die zwar äußerlich wenig attraktiv erscheint, dafür den Stromkonsum um eindrückliche 80% verringert. Einige Hersteller haben realisiert, dass die Konsumenten den Energiesparlampen skeptisch gegenüberstehen, und haben mit großem Erfolg Halogenlampen entwickelt, die den konventionellen Glühlampen sehr ähnlich sehen und mit einem Spareffekt von 30% die gesetzlichen Vorgaben ebenfalls erfüllen. Die Umweltverbände sind darüber nicht sehr glücklich, weil diese Quasi-Sparlampen das mögliche Energiesparpotenzial nicht erreichen.
- Fachliche und inhaltliche Qualität: Im Bildungsbereich hat sich das Qualitätsverständnis bislang vorwiegend auf die strukturell-ablauforientierte Qualität beschränkt, die sich an Normen (▷ Qualitätsmanagementnormen) ausrichtet und entsprechend einfach überprüft werden kann. Die fachliche und inhaltliche Qualität hat wohl eine Rolle gespielt, wurde aber zwischen dem Leistungserbringer und dem Leistungsbezüger nie definiert. Neu sind die Beteiligten dazu übergegangen die fachlich-inhaltlichen Aspekte der Leistungserbringung vertraglich festzuhalten und im Rahmen von Fachaudits – die von neutralen Organisationen durchgeführt werden – zu überprüfen.

- Zeitliche Qualität: Darunter ist die Erbringung einer Dienstleistung innerhalb des festgelegten Zeitrahmens zu verstehen: Ein Projekt wird rechtzeitig abgeschlossen, ein Transport trifft rechtzeitig an seinem Bestimmungsort ein, oder der Pizzakurier liefert die Pizza innerhalb der versprochenen zwanzig Minuten.

  Im Fluggeschäft zeigen sich die unterschiedlichen Kundenanforderungen explizit. Während Touristen den Preis in den Vordergrund stellen, ist den Passagieren, die dienstlich unterwegs sind, die Pünktlichkeit sehr wichtig. Low-Cost Carrier, die tendenziell mehr Verspätungen verzeichnen, halten lediglich einen Geschäftskundenanteil von unter 10%.

- Zur Leistungserstellung verwendete Hilfs- und Betriebsmittel: Der Bahnkunde erwartet vom Eisenbahnunternehmen, dass moderne, klimatisierte Fahrzeuge eingesetzt werden, und der Patient erwartet vom Zahnarzt die Verwendung von Apparaturen, die dem neusten Stand der Technik entsprechen.

- Vom Anbieter verwendete Verfahren und Abläufe: Der Eierkonsument erwartet, dass die auf der Packung deklarierte Haltung der Hühner (z.B. Freilandhaltung) eingehalten wird.

- Ideen- und Erfindungsreichtum und Flexibilität des Anbieters: Kann dem Kunden das gewünschte Produkt nicht geliefert werden, erhält er ein gleichwertiges Produkt und eine Gutschrift oder ein höherwertiges Produkt zum ursprünglich vereinbarten Preis. Mangelnde Flexibilität bei der Erfüllung der Kundenanforderungen führt dazu, dass der Kunde seine Bedürfnisse nicht vollständig erfüllt sieht. Möglicherweise wird der Kunde die mangelnde Flexibilität als fehlendes Interesse ihm gegenüber auslegen.

- Fachliche Fähigkeiten und Einsatzbereitschaft: Der Kunde erwartet von seinem Steuerberater die für ihn beste Lösung und einen prompten Service bei kurzfristigen Anfragen.

- Wirtschaftliche Stabilität und Berechenbarkeit des Anbieters: Der Bausektor ist besonders stark den konjunkturellen Schwankungen unterworfen. Aus diesem Grund haben sich gesunde deutsche Bauunternehmen ihre wirtschaftliche Stabilität von der DQB (Deutsche Gesellschaft für Qualifizierung und Bewertung) bestätigen lassen.

- Strategische Entwicklung: Lieferanten, die sich mit der strategischen Weiterentwicklung ihres Geschäfts befassen, haben nicht nur den kurzfristigen Erfolg im Auge. Sie machen sich Gedanken zu den wesentlichen Faktoren ihres Erfolgs und dazu, wie diese Faktoren in Zukunft beeinflusst werden sollen.

- Preis- und Nebenleistungsgestaltung für die Leistungserbringung: Eine etwas spezielle Situation hat sich im Telekommunikationsmarkt ergeben. Für Mobilfunkunternehmen ist das physische Produkt – das Handy – nur noch Mittel zum Zweck. Es verkommt zur kostenlosen Zugabe zum Servicevertrag (Abonnement). Die Umsätze und der Gewinn werden mit der Serviceleistung erzielt.

- Termintreue, Verlässlichkeit und Zielerfüllung: Eine hohe Termintreue fördert nicht nur die Kundenzufriedenheit, sie weist auch auf beherrschte innerbetriebliche Prozesse hin.

- Vertrauenswürdigkeit: Im Telekommunikationsmarkt haben sich die ehemals staatlichen Anbieter bis heute gut behaupten können, weil sich die neuen Wettbewerber zuerst das Vertrauen der potenziellen Kundschaft erarbeiten mussten. Fehlerhafte Abrechnungen oder unübersichtliche Angebote haben immer wieder zu Rückschlägen geführt.

- Freundlichkeit: Bei Dienstleistungen, die preislich nahe beieinander liegen (Restaurants, Reisebüros etc.), fällt die Freundlichkeit der Anbieter oft mehr ins Gewicht als der Preis.

- Teamfähigkeit: Teamfähigkeit ist immer dann ein Thema, wenn Lieferant und Kunde ihre Prozesse gegenseitig integrieren, wenn durchgängige Prozesse betrieben werden und keine offensichtliche Schnittstelle sichtbar ist. Immer öfter werden die Kunden in die Leistungsentwicklung miteinbezogen. Dies bedingt auf der Seite des Lieferanten teamfähige Mitarbeitende mit der Fähigkeit, den Kunden als Partner zu betrachten.

- Örtliche und zeitliche Erreichbarkeit: In allen Branchen, in denen der Zeitfaktor eine wichtige Rolle spielt, erwartet der Kunde eine eindeutig definierte Ansprechstelle auf Seite des Lieferanten, die in wichtigen Fällen jederzeit erreicht werden kann.

- Klare Zuständigkeit: Wer wurde in der Rolle des Kunden bei einem Reklamationsanruf nicht schon endlos von einer Stelle zur anderen weitergereicht – wie eine heiße Kartoffel.

- Sicherheit des Umfeldes: Gesetzliche Einschränkungen und unsichere politische oder gesellschaftliche Rahmenbedingungen im Umfeld des Lieferanten können einen Kunden abschrecken.

Dienstleistungen und Produkte nach Maß

Die Erwartungshaltung der Kunden nimmt mit steigender Dienstleistungsqualität zu. In China, wo sich die Dienstleistungsqualität erst in den letzten Jahren richtig zu entwickeln begonnen hat, erwartet der Fahrgast vom Taxifahrer (noch) nicht, dass dieser ihn beim Verladen des Reisegepäcks unterstützt. Auch erwartet der ausländische Fahrgast vom Taxifahrer keine Englischkenntnisse. Spricht dieser trotzdem ein wenig Englisch, wird es ihm gelingen, ab und zu einen Folgeauftrag oder einen Rücktransport mit dem Fahrgast auszuhandeln. Findige und kreative Taxifahrer verbinden den Fahrgast direkt mit der Taxizentrale, wo eine englischsprachige Person die Dolmetscherrolle übernehmen kann.

Einmal abgesehen von Produkten und Dienstleistungen für ein breites Zielpublikum, wie es auch die erwähnte Taxifahrt darstellt, hält der Trend zu maßgeschneiderten Kundenlösungen weiterhin an. Zukunftsorientierte Dienstleister investieren daher gezielt in Kundenanalysen, erhöhen somit ihre Transparenz über die unterschiedlichen Kundenbedürfnisse und schaffen dadurch eine solide Grundlage zur Stärkung ihrer Wettbewerbsfähigkeit. Die neue Philosophie heißt: «Dienstleistungen und Produkte nach Maß», eine Philosophie, die auch an der Verkaufsfront Einzug gehalten hat.

Beispiel: Die Schaffnerin im ICE nach Berlin, die neben der Fahrscheinkontrolle auch Getränke und Snacks serviert, fragt nicht: «Möchten Sie noch einen Kaffee?», sondern: «Welchen Wunsch darf ich Ihnen noch erfüllen?»

Feedback als Erfolgsfaktor

Da sich das Qualitätsempfinden des Kunden stark an seinen Erwartungen orientiert, sind permanente Feedback-Prozesse eine gute und zuverlässige Quelle zur Qualitätsmessung und -beurteilung. Die Kundenmeinung wird bei der traditionellen Methode über systematische Untersuchungen der Marktforschung eingeholt.

Innovative Unternehmen gehen noch einen Schritt weiter, indem sie mit den Kunden in einem interaktiven Prozess gemeinsam Leistungen und Produkte definieren. Dabei werden folgende Fragestellungen bearbeitet:

- Welche Erwartungen haben die Kunden in Bezug auf die Beziehung zu unserem Unternehmen?
- Welche konkreten Erwartungen haben unsere Kunden an die Mitarbeitenden, an unsere Produkte und Dienstleistungen?
- Welches sind aus Sicht des Kunden die für den Erfolg entscheidenden Punkte im Dienstleistungsprozess?
- Wie transparent ist unsere Leistungserbringung für den Kunden, welche Transparenz wünscht er sich?

- Stehen hinter den Kunden weitere Bedürfnisträger (z.B. Konsumentengruppen)? Welche Anforderungen haben sie?
- Was verspricht sich der Kunde von der Zusammenarbeit mit dem Anbieter? Wie kann die Beziehung auf eine langfristig erfolgreiche Basis gestellt werden?

Wichtig ist, dass die Kundenintegration proaktiv vom Anbieter ausgelöst und gesteuert wird. Der Prozess sollte mit Vorteil für alle Kunden angewendet werden und soll systematisch und strukturiert ablaufen. Die Individualität der einzelnen Kundenbeziehungen ergibt sich ausschließlich aus den spezifischen Kundenbedürfnissen.

So eingebundene Kunden sind mehrheitlich zufriedene Kunden. Die Produkt- und die Servicequalität für diese individuellen Lösungen werden grundsätzlich anders wahrgenommen, da sie bereits ein Teil des Schaffens des Kunden sind. Für die Wettbewerber des Anbieters wird es äußerst schwierig, in diese hochkompetente Anbieter-Kunden-Beziehung einzudringen. Zusätzlich zur erfolgreichen Kundenintegration wird also noch ein erheblicher Differenzierungsvorteil erzielt.

Wichtig ist dabei: Zukunftsgerichtete und innovative Leistungsanbieter wissen genau, warum, wie, wann und wo die Kunden mit ihnen interagieren. Sie fokussieren sich auf die Vernetzung mit den Kunden und schaffen so eine Art von Qualität, die für Kunden, Mitarbeitende und Unternehmen einen überdurchschnittlichen Nutzen bringt.

Die Qualität der persönlichen Kontakte zwischen den Kunden und den Mitarbeitern des Anbieters spielt ebenfalls eine bedeutende Rolle. Die dabei gemachten Erfahrungen prägen in entscheidendem Maße die Dauerhaftigkeit der Zusammenarbeit. Dem Systemeinsatz und den optimierten Prozessen zum Trotz: der Mensch steht – was doch beruhigend stimmt – weiterhin unumstritten im Mittelpunkt der Dienstleistungsqualität.

Der Kunde als Partner

Die Herausforderungen der Anbieter bestehen in einer stärkeren Betrachtung der Absatzmärkte aus Kundensicht und in der Integration der Kunden in die Entwicklung von Dienstleistungen und Produkten.

Wie Abbildung 3 zeigt, soll eine möglichst intensive Zusammenarbeit mit den Kunden angestrebt werden. Das hilft vor allem auch zur Ermittlung der Kundenerwartungen. Ein Verkaufsgespräch kann helfen, die wirklichen Bedürfnisse des Kunden zu erkennen.

Abb. 3: Diagramm Kundennähe

Kunde als Partner	Langfristige Kundenbeziehung aufbauen und pflegen	Kundennähe
Kunde als Mitentwickler	Leistungen zusammen mit dem Kunden entwickeln	
Kunde als Informationsquelle	Kunden befragen	
Kunde als Betrachtungsobjekt	Kundenperspektive einnehmen	
Kunde als Abnehmer	Leistungen produzieren und verkaufen	

Ein Lebensmittelproduzent verlangte vom Spediteur, dass er mit seinem Lkw täglich zweimal vorbeikomme. Im Gespräch mit dem Kunden zeigten sich die Hintergründe für diesen Wunsch: Der Kunde möchte neu zwei Tonnen zusätzliche Fracht verladen. Der Spediteur löste das Problem, indem er einen größeren Lkw einsetzte, den er bisher nicht auslasten konnte.

Wie dieses Beispiel zeigt, kann das Bedürfnis eines Kunden auf verschiedene Weisen erfüllt werden. Es gilt, die für beide Seiten optimale Lösung zu finden.

3.2 _____ Wer bestimmt die Qualität?

Die Qualität wird von den Kunden definiert, egal in welcher Branche, egal bei welchen Produkten. Der Koch eines Speiselokals möchte erstklassiges Fleisch und frisches, knackiges Gemüse, der Patient möchte im Spital eine freundliche und kompetente Pflege, der Krimiliebhaber möchte eine spannende Geschichte mit vielen überraschenden Wendungen, und der Gourmet möchte einen Rotwein mit einem vollen Aroma und einem langen Abgang. Es liegt an den Produzenten und den Dienstleistungserbringern, herauszufinden, welche Kriterien den Kunden bei der Wahl der Leistung wichtig sind. Diese Kriterien sind immer wieder zu hinterfragen und können sich im Laufe der Zeit verändern. In einigen Branchen kann dieser Wechsel sehr schnell erfolgen. In der schnelllebigen Modebranche ändern die Kriterien mehrmals jährlich. In anderen Bereichen, wie der Baubranche, sind die Kriterien und Werte stabiler. Aber auch dort können zuweilen innert kürzester Zeit neue Bedürfnisse entstehen. Dazu genügt unter Umständen eine Änderung der

Gesetzeslage. Auch große Schwankungen bei den Rohstoffpreisen oder die steigende Bedeutung des Umweltschutzes können die Anforderungen massiv beeinflussen.

Was zählt, sind also die aktuellen Bedürfnisse der Kunden. Zusätzlich sind weitergehende Überlegungen notwendig: Welches sind die Grundbedürfnisse der Kunden und welches sind Wünsche, deren Erfüllung nicht unbedingt erforderlich ist? Und vor allem: Welchen Preis ist der Kunde bereit zu zahlen?

Aus diesen Überlegungen heraus wird die Qualität eines Massenproduktes oder einer stark nachgefragten Dienstleistung entwickelt. Bei Produkten und Leistungen, die sich nicht an die breite Masse richten, bekommt der Aspekt Kundenbedürfnis eine ganz andere – spezifischere – Bedeutung.

Die Qualität wird also vom Kunden «gemacht» und der ständige Kundenkontakt hilft den Anbietern, ihre Leistung oder ihr Produkt entsprechend zu dimensionieren. Dass die notwendige Interaktion mit den Kunden manchmal etwas problematisch sein kann, zeigt die folgende – nicht allzu ernst gemeinte – Anekdote:

An der Weltausstellung in Schanghai gab es nicht nur bei den Länderpavillons lange Warteschlangen, sondern auch vor den öffentlichen Toiletten. Die Organisatoren hatten unzählige WC-Einheiten aufbauen lassen und rätselten verzweifelt über die Ursachen für die langen Wartezeiten. Mittels Messungen brachten sie in Erfahrung, dass die durchschnittliche Verweildauer auf den Toiletten ungewöhnlich hoch war. Was tun? Man konnte die Toilettenbesucher doch nicht nach den Gründen für den langen Aufenthalt fragen. Die Ungewissheit hatte schließlich ein Ende, als einer der Organisatoren ein WC benutzte und nach verrichtetem Geschäft verzweifelt nach der Taste für die Spülung suchte. Sein Anstand und seine Erziehung erlaubten ihm nicht, das WC zu verlassen, ohne zu spülen. Nach langen Minuten des Wartens fluchte er und trat nach draußen. Sobald er die Tür öffnete, setzte sich der Spülautomatismus in Gang …

Der Kunde steht im Mittelpunkt des unternehmerischen Handelns. Folgende Grundsätze lassen sich daraus ableiten:
- Die Kunden bestimmen die Qualität unseres Handelns. Sie sind der wichtigste Teil unseres Geschäfts.
- Unsere Kunden sind nicht zwingend auf uns angewiesen. Unser Erfolg steht jedoch in einem engen Zusammenhang mit unseren Kunden.
- Die Erfüllung der Kundenbedürfnisse ist unsere Kernaufgabe. Der Nutzen unserer Kunden ist auch unser Nutzen.

3.3 _____ Wie schafft man über die Qualität eine Kundenbindung?

Der Konkurrenz einen Schritt voraus sein

Die Qualität eines Produktes oder einer Dienstleistung ist vielfach so konsequent auf die Kundenbedürfnisse ausgerichtet, dass sich im Wettbewerb mit den Konkurrenten oftmals keine eindeutigen Qualitätsvorteile mehr erzielen lassen. Denken Sie an die Versicherungsbranche. Worin unterscheiden sich die angebotenen Rechtsschutzversicherungen? Oder die Autoindustrie: Die Fahrzeuge derselben Klasse werden einander immer ähnlicher. Auch äußerlich sind kaum mehr Unterschiede festzustellen. Wo dies der Fall ist, hat sich der Wettstreit auf die Ebene der Servicequalität verlagert. Hier lässt sich leichter eine spürbare Differenzierung zu den Wettbewerbern herstellen. Es nützt jedoch nichts, wenn die Serviceleistungen – zum Beispiel auf der Verpackung – deklariert, aber im Gespräch mit dem potenziellen Kunden mit keinem Wort erwähnt werden.

Emotionale Werte schaffen

Bei der Erbringung der Qualität geht es vor allem um die Erfüllung von Erwartungen. Es geht aber auch um das Vertrauen in eine von Menschen erstellte Leistung oder ein Produkt. Die Qualität hat damit nicht nur einen sachlichen, sondern auch einen emotionalen Wert, einen Wert, der mit Eigenschaften wie Freundlichkeit, Treue oder Hilfsbereitschaft verbunden ist. Hier setzt die Servicequalität an. Der Kunde soll spüren, wie wichtig dem Leistungsanbieter seine Zufriedenheit ist. Er soll spüren, mit welcher Leidenschaft sein Produkt entwickelt, produziert und verkauft wird. Er soll aber vor allem spüren, dass das Geschäft mit dem Verkauf nicht abgeschlossen ist! Dieser Effekt wird über die Servicequalität, aber auch über zusätzliche Maßnahmen wie Einladungen zu Produktpräsentationen oder über die Zustellung von Treuebons erzielt.

Kunden verblüffen

Mitunter entstehen sehr kreative und außergewöhnliche Maßnahmen, um die Kunden zu verblüffen und damit zu binden. In Zürich wurde ein neues Gastrokonzept eingeführt, das weltweit einzigartig ist. In ein Restaurant am Zürichsee gehen die Gäste nicht nur wegen der Seesicht oder der ausgezeichneten Qualität der Speisen, sondern weil nach dem Essen eine kostenlose Einkaufstour wartet. Für den Betrag, den der Gast für das Essen ausgegeben hat, kann er danach im angegliederten Shop kostenlos einkaufen: eine neue Uhr, ein Handy oder ein Paar Joggingschuhe. Wie soll dieses Konzept finanziell aufgehen? Man verspricht sich eine gute Auslastung des Restaurants und eine erhöhte Aufmerksamkeit für die Markenartikel im angegliederten Shop.

Es liegt auf der Hand: Die Kundenbindungsmaßnahmen sind in jeder Branche unterschiedlich. Der Abnehmer einer Turbine wird anders gepflegt als der Käufer eines Herrenanzuges. Trotzdem gibt es Grundsätze, die für alle Branchen gelten: Man soll versuchen, beim Kunden im Gespräch zu bleiben. So, dass dieser beim nächsten Kauf sofort und ausschließlich an uns denkt. Dessen ungeachtet sollen Kunden nicht permanent mit Kundenbindungsaktionen bombardiert werden. Wer hat nicht schon einmal seinen Lieferanten, seinen Lebensmittelhändler oder seinen Elektronikverkäufer gewechselt, weil dessen Werbung zu intensiv und aufdringlich ausgefallen war?

Aufdringliches Werben kann also den Kunden mit der Zeit verärgern. Weniger ist oft mehr. Es gilt, die richtige Mischung zu finden.

Je nach Branche und Anzahl Kunden lohnt es sich sogar, für jeden Kunden ein individuelles Kundenbindungskonzept zu erstellen. Ein solches Konzept sieht vor, wann und wie der Kunde kontaktiert wird. Gerade die Form der Kontaktaufnahme ist entscheidend für die Lieferanten-Kunden-Bindung. Ideenlose Werbemails locken heute niemanden mehr hinter dem Ofen hervor.

Praxistipps

Versuchen Sie, den Kunden zu überraschen: Schicken Sie ihm eine gute Flasche Wein mit einigen persönlichen, handgeschriebenen Worten.
Ein Kommunikationstrainer gab folgenden Tipp: Besuchen Sie den Kunden und nehmen Sie während des Gesprächs ein Meterband und eine Schere hervor. Nun fordern Sie den Kunden auf, das Band dort durchzuschneiden, wo nach seiner Meinung die Kundenzufriedenheit liegt. Achtzig Zentimeter würden dabei einer Kundenzufriedenheit von 80 % entsprechen. Wir haben es ausprobiert, noch jeder Kunde hat nach kurzem Überlegen die Schere angesetzt. Eine ausgezeichnete Methode, um ohne aufwendiges Vorgeplänkel zu einer eindeutigen Aussage zu kommen. Und nicht zu vergessen: Sie verblüffen den Kunden einerseits mit der Methode, und andererseits wird ihm bildhaft dargelegt, wie wichtig Ihnen eine hohe Kundenzufriedenheit ist.

3.4 ____ Welche Vorteile bringen Qualitätsvereinbarungen?

Vertragliches Umfeld

Es gibt Geschäftsbeziehungen, die ohne große vertragliche Abmachungen funktionieren. Trotzdem können auch nach jahrelanger erfolgreicher Zusammenarbeit plötzlich Probleme entstehen, mit denen im Vorfeld nie gerechnet worden war. Die guten Arbeitsbeziehungen können leiden, wenn Unternehmen unvorbereitet mit solchen Problemen konfrontiert werden.

Zusätzlich zu den bestehenden Gesetzen und Regelungen (z.B. Produkthaftpflicht) werden grundsätzliche Vorgaben von den Unternehmen in den Allgemeinen Geschäftsbedingungen (AGB) formuliert. In den Lieferverträgen werden Themen wie Garantie oder Kulanz detailliert behandelt, und der Begriff Fehler wird definiert. Die Rückverfolgbarkeit von Teilfabrikaten bis zur Fertigung ist ebenso ein Thema wie der Umgang des Lieferanten mit seinen Unterlieferanten oder die Forderung nach der Verwendung eines Qualitätsmanagementsystems nach ISO 9001.

Wie nun reagiert werden soll, wenn Fehler auftreten, wird auf Ebene der Lieferverträge selten geregelt. Diese Themen sollten – um unnötige Diskussionen, Abklärungen und Konflikte zu verhindern – rechtzeitig im Rahmen von Qualitätsvereinbarungen geregelt werden, die den Lieferverträgen als Beilage angefügt werden können. Treten nun kurzfristig Probleme auf, helfen die Vereinbarungen, die Diskussion zu versachlichen und möglichst schnell eine Lösung zu finden.

Entwicklung von Qualitätsvereinbarungen

Das Erstellen einer Qualitätsvereinbarung bedingt eine enge Zusammenarbeit der beiden involvierten Unternehmen oder Organisationen. Je nach Komplexität des Geschäfts müssen beidseitig Fachexperten und Moderatoren hinzugezogen werden. In einem ersten Schritt werden die potenziellen Probleme und Konflikte eruiert. Die klassische FMEA-Methode (▷ FMEA – Fehlermöglichkeits- und Einflussanalyse) kann diesen Prozess unterstützen. Die beiden Parteien definieren ihre Erwartungen, die aufgrund der unterschiedlichen Sichtweisen mit großer Wahrscheinlichkeit auseinanderklaffen werden. Dies ist nicht beunruhigend, da Lieferanten und Kunden im gleichen Boot sitzen und daher ein Interesse haben, eine

Einigung bei der Entwicklung einer Lösung für das potenziell auftretende Problem zu finden. Neben präventiven Lösungsansätzen enthalten die Vereinbarungen detaillierte Qualitätsdefinitionen. Produkte werden vor allem anhand ihrer Soll-Eigenschaften beschrieben, während Dienstleistungen eher über Kosten, Reaktions- und Bearbeitungszeiten definiert werden.

Anwendung von Qualitätsvereinbarungen

In den Qualitätsvereinbarungen wird oft beschrieben, wie und an wen ein bestimmtes Problem eskaliert, d. h. an die nächsthöhere Instanz weitergeleitet wird. Dazu können Warn- und Alarmschwellen definiert werden. Der Warnwert regelt, ab welcher Fehlerzahl der Prozessverantwortliche verständigt werden soll. Wird die Alarmschwelle erreicht, darf nicht mehr lange gefackelt werden und die im Vorfeld entwickelten Eventualmaßnahmen müssen rasch eingeleitet werden.

Dies alles funktioniert nur unter der Voraussetzung, dass sich Lieferant und Kunde nicht nur in Bezug auf die Definition des Begriffs Fehler einig sind, sondern auch über die Art und Weise, wie die Fehler gemessen (Stichproben, Audits, Wareneingangsprüfungen etc.) und dokumentiert werden. Bei größeren Aufträgen, wie zum Beispiel beim Kauf von Turbinen oder Eisenbahnrollmaterial, wird die Einhaltung der vereinbarten Qualitätskriterien bereits bei der Entstehung des Produkts im Rahmen von Lieferantenaudits überprüft. So hat der Besteller die Möglichkeit, eventuelle Fehler frühzeitig zu erkennen und Korrekturen zu verlangen. Die Lieferanten schätzen in der Regel diese Form von Zusammenarbeit, da Korrekturen, je früher sie ergriffen werden, desto weniger Kosten verursachen.

Trotz allen Vorkehrungen treten immer wieder Fälle auf, für die im Vorfeld keine Vereinbarung getroffen wurde. Hier empfiehlt sich, das Problem aus Sicht beider Beteiligten zu untersuchen. Folgende Fragen sollen gestellt werden: Welche Forderung hat der Kunde? Aus welchem Grund kann diese durch den Lieferanten nicht erfüllt werden?

Die Bedeutung eines Fehlers kann wiederum mittels einer ▷ FMEA analysiert werden. Danach besteht immerhin Klarheit über die Auswirkungen, was helfen wird, übertriebene Forderungen des Kunden zu reduzieren oder dem Lieferanten transparent aufzuzeigen, welche verheerenden Folgen sein Fehler verursacht.

Die beschriebenen methodischen Ansätze helfen, schnell zu einer gemeinsamen Sicht der Dinge zu gelangen. Je rascher dies der Fall ist, desto schneller können die Probleme behoben werden. Die Problembehebung steht hier für eine Ursachenanalyse – zum Beispiel mit Hilfe eines Ishikawa-Diagramms (▷ Ursache-Wirkungs-Diagramm) – und für die Beseitigung der Fehlerursache. Sofortmaßnahmen, die darauf zielen, den Schaden in Grenzen zu halten, müssen im Interesse von Lieferant und Kunde sofort nach dem Auftreten eines Fehlers erfolgen.

3.5 ____ Welche Warnsignale senden unzufriedene Kunden aus?

Die Zeiten sind hektischer geworden. Schnelle Entscheidungen und schnelles Handeln wurden zu einem entscheidenden Erfolgsfaktor. Trotzdem: Kunden lösen die Zusammenarbeit mit einem Lieferanten in der Regel nicht von einem auf den anderen Tag auf. Bevor ein unzufriedener Kunde endgültig abspringt, wird er einen oder mehrere Ersatzlieferanten unter die Lupe nehmen und die Qualität ihrer Leistung überprüfen. Lieferanten können ein Abspringen des Kunden verhindern, wenn sie die ausgesendeten Warnsignale rechtzeitig erkennen, richtig interpretieren und entsprechende Verbesserungsmaßnahmen treffen.

Folgende Warnsignale können auf unzufriedene Kunden hinweisen:

- Die Anzahl oder der Umfang der Bestellungen nimmt ab.
- Der Kunde zeigt sich unzufrieden mit den Preisen.
- Die Reklamationen hinsichtlich der Qualität der Leistung, der Termintreue oder der Flexibilität des Lieferanten häufen sich. Einige davon sind unberechtigt.
- Häufige Klagen über mangelnde Freundlichkeit und Einsatzbereitschaft des Personals des Lieferanten.
- Der Kunde verlangt öfter spezielle Konditionen und verweist auf das Angebot von Mitbewerbern.

In einer solchen Situation gilt es, die Bedürfnisse des Kunden zu hinterfragen. Hat sich auf dessen Seite etwas Neues ergeben, haben sich seine Wünsche verändert? Wenn ja, in welche Richtung? Bevor der Kunde aufgesucht wird, sollte der Lieferant seinen Handlungsspielraum in Bezug auf die Preisgestaltung, die Lieferbedingungen und die verschiedenen Qualitätsaspekte ausloten.

Um Warnsignale wahrnehmen zu können, muss dem Kunden die Möglichkeit gegeben werden, diese auszusenden. Dies ist beileibe nicht immer der Fall. Ich erhalte oft Korrespondenz von meiner Bank, ohne Angabe einer Kontaktperson mit Telefonnummer, und habe dieses Verhalten auf einen besonders intensiven Personalwechsel zurückgeführt, was die Folge eines schlechten Betriebsklimas sein könnte.

In partnerschaftlichen Modellen, in denen sich Lieferanten und Kunden gemeinsam in einem unternehmensübergreifenden Prozess Gedanken zur Bedürfniserfüllung machen, werden mögliche Probleme frühzeitig erkannt und behoben. Die Nähe zum Kunden bringt dem Lieferanten etliche Vorteile. Die Kundennähe ist aber kein Garant für eine langfristige Lieferanten-Kunden-Beziehung.

Nur wenn die tatsächlichen Erfahrungen des Kunden mindestens die gleiche Güte aufweisen wie seine Erwartungen an eine bestimmte Dienstleistung oder ein bestimmtes Produkt, ergibt sich für ihn eine befriedigende Qualität.

4 ____ Kennzahlen

4.1 ____ Wie kommt man zu relevanten Qualitätskennzahlen?

Die Erfolge des Qualitätsmanagements müssen messbar sein, dadurch ergibt sich im Unternehmen eine Akzeptanz, auf der sich aufbauen lässt. Qualitätskennzahlen machen Aussagen über den Zielerreichungsgrad und die Qualität der Arbeitsausführung. Welche Kennzahlen verwendet werden sollen, ist stark vom Unternehmen und seinen Bedürfnissen abhängig. Idealerweise werden sie von den strategischen Unternehmenszielen abgeleitet und beziehen sich auf die Qualität der wichtigsten Geschäftsprozesse. Bei der Anwendung ist zu beachten, dass die Kennzahlen immer nach dem gleichen System ermittelt werden. Ebenso sollten im Hinblick auf die Vergleichbarkeit die einmal bestimmten Kennzahlen unbedingt über einen längeren Zeitraum genutzt werden.

Viele Unternehmen haben die Tendenz, zu viele Kennzahlen einzusetzen, die sich zudem oftmals nicht ergänzen oder die sich auf gleiche Werte beziehen. Meistens gilt: Weniger ist mehr. Je größer der Kennzahlendschungel, desto kleiner die Attraktivität dieses

Hilfsmittels. Mitentscheidend für den Erfolg des Qualitätsmanagements ist das Reporting der Kennzahlen. Klare, einfach strukturierte Berichte fördern die Lesbarkeit und somit die Beachtung durch das Management.

Einige Unternehmen sind auf Druck des Managements dazu übergegangen, eine «Superkennzahl» zu entwickeln, eine Kennzahl, die sich aus mehreren anderen Kennzahlen, die mit verschiedenen Gewichtungen einfließen, zusammensetzt. Eine solche Zahl erlaubt zwar einen schnellen Überblick und eine Gesamteinschätzung der Situation, in der sich das Unternehmen befindet. Für eine Problemanalyse muss aber auf jeden Fall auf die spezifischen Kennzahlen zurückgegriffen werden (siehe Abbildung 4).

Man unterscheidet zwischen absoluten und relativen Kennzahlen. Absolute Kennzahlen sind zum Beispiel Umsatz, Anzahl Mit-

Abb. 4: Beispiele von Qualitätskennzahlen	
Ausbildungsqualität	■ Durchschnittliche Einführungszeit neuer Mitarbeitender ■ Schulungskosten pro Jahr ■ Schulungsstunden pro Mitarbeitender und Jahr ■ Erfolgreich abgeschlossene Ausbildungen im Vergleich zur Gesamtzahl der Ausbildungen (Schulungseffizienz)
Produktqualität	■ Anzahl Reklamationen pro gelieferte Einheit ■ Ausfallrate bei Kunden ■ Nutzungsdauer ■ Rücklauf- oder Stornoquote
Prozessqualität	■ Ausschussanteil der Produktion ■ Güte der wichtigsten Prozesse (Sigma-Wert) ■ Lieferpünktlichkeit ■ Wartezeit der Kunden an der Kasse ■ Anteil der defekten Teile in der Fertigung ■ Zahl der Transportschäden je Liefereinheit ■ Durchsatz je Tag ■ Durchlaufzeit ■ Rohstoffausnutzung ■ Arbeitsstunden pro Stück ■ Quadratmeter pro Mitarbeiter ■ Energiebedarf pro Jahr ■ Auslastung Fahrzeuge ■ Kundenzufriedenheitsquote
Personalkennzahlen	■ Ausfalltage pro Jahr ■ Unfälle pro Mitarbeiter ■ Wertschöpfung pro Mitarbeiter
Benchmark	■ Eigenkapitalquote ■ Umsatzrendite ■ Energiebedarf pro Wertschöpfungseinheit ■ EFQM-Punkte-Rating

arbeitende oder produzierte Einheiten. Die absoluten Kennzahlen sind für Außenstehende nicht genügend aussagekräftig und verleiten zu Fehlinterpretationen. In Beziehung zu den Zahlen des Vorjahres oder mit den gesetzten Zielen sind sie besser auswertbar. Relative Kennzahlen bezeichnen immer das Verhältnis eines Teiles zum Ganzen: Overhead-Quote, Fluktuationsquote oder Anzahl Arbeitsunfälle pro hundert Mitarbeitende. Diese Kennzahlen sind sehr gut für Vergleiche zwischen einzelnen Unternehmen oder Unternehmensteilen geeignet.

_____**Praxistipp**

Leiten Sie die Qualitätskennzahlen von den Unternehmenszielen ab und stellen Sie sicher, dass die Kennzahlen gleichzeitig eine Aussage über die Qualität ihrer wichtigsten Geschäftsprozesse machen. Präsentieren Sie die wichtigsten Kennzahlen in Form eines Qualitäts-Reportings regelmäßig der Geschäftsleitung.

4.2 _____ Wie wird Qualität gemessen?

Zahlen und Fakten schaffen Vertrauen

Qualität messen, wie soll das funktionieren? Messen ist nichts anderes als eine quantitative Bewertung. Einem Qualitätsmerkmal wird eine Quantität in Form einer Zahl zugeordnet. Die Essenz der Qualität ist oftmals nur schwer quantitativ erfassbar. Doch der Mensch hat eine Vorliebe für messbare Kriterien. Nur mit Zahlen untermauerte Fakten lassen einen Vergleich – zum Beispiel mit der Konkurrenz – zu. Oftmals funktioniert dies, aber es gibt durchaus Bereiche, wo eine quantitative Bewertung keinen Sinn ergibt. Wie sollen die Kreationen von Spitzenköchen miteinander verglichen werden? Vielleicht über einen Qualitätsindex, in dem der Innovationsgehalt, die farbliche Zusammenstellung des Gerichts, die Harmonie zwischen den verwendeten Zutaten, die Wahl des richtigen Weines, der Geschmack des Fleisches und die Frische des verwendeten Gemüses enthalten sind. Man wäre dann zufrieden, wenn die errechnete Qualität die durchschnittliche Meinung der Restaurantbesucher bestätigen würde. Sollte diese Bestätigung aber nicht eintreffen: Woran würden wir zweifeln? Am hochwissenschaftlich entwickelten und eingesetzten Qualitätsindex oder an der Urteilsfähigkeit der Restaurantbesucher? Es ist anzunehmen, dass die Zuverlässigkeit der wissenschaftlichen Methode angezweifelt wird.

Messen setzt Bewertung voraus

Die größte Herausforderung in der Qualitätsmessung ist die Wahl der Bewertungsmethode. Wird mit einer Stoppuhr die Dauer einer Dienstleistung ermittelt, hat die eigentliche Bewertung schon stattgefunden, nämlich beim Entscheid, dass die Zeit, die benötigt wird, um eine Leistung zu erbringen, einen Einfluss auf die Qualität hat.

Messen setzt also Bewertung voraus. Transparenz ergibt sich dadurch, dass die Werte wie Zeit, Temperatur, Geschwindigkeit, Haltbarkeit etc. bekannt sind, die in die Messungen einfließen.

Zahlen und Statistiken bilden einen wichtigen Teil der Entscheidungsgrundlagen. Ebenso wichtig sind das Gespräch und der permanente Kontakt mit den Kunden.

Qualität messen

Bei der Wahl der Werte, die gemessen werden sollen, gilt es, zwischen der wahrgenommenen Qualität, die sich aus der Sicht des Kunden entwickelt, und der real gegebenen Qualität, die sich zum Beispiel im messbaren Mitarbeiterverhalten äußert, zu unterscheiden. Die von den Kunden wahrgenommene Qualität soll, nein, muss beim Kunden gemessen werden. Dazu eignen sich ❶ Kunden- oder Partnerbefragungen. Die interne Sichtweise wird über Mitarbeiterbefragungen ermittelt. Dahinter steckt die Überlegung, dass nur zufriedene Mitarbeitende qualitativ herausragende Leistungen erbringen können. Die interne Qualität kann mit verschiedenen Testverfahren gemessen werden. Je nach Branche wird mit ❷ Testkäufen, Testberatungen, ▷ Qualitätsaudits oder ❸ Testanrufen (Mystery Calls) gemessen. Nachfolgend werden die gängigsten Testverfahren beschrieben:

❶ Kundenbefragungen: Kundenbefragungen sind ein ideales Instrument, um die Sicht der Kunden aus erster Hand zu erfahren. Befragungen bedingen aber eine Vorlaufzeit und sie liegen – aus Kostengründen – zeitlich oft ziemlich weit auseinander. Somit wird es schwierig, mit der klassischen Kundenbefragung die Auswirkungen von einzelnen Maßnahmen auszuwerten. Eine größere Flexibilität bieten sogenannte Point-of-Sales-Befragungen, die unmittelbar an der Kundenschnittstelle durchgeführt werden können. Bei dieser Art von Befragung müssen die vorhandenen Rahmenbedingungen, wie Infrastruktur, Lage des Verkaufspunkts, Tageszeit etc., berücksichtigt werden. Ebenfalls können die Kunden nach demographischen Kriterien ausgesucht werden. Bei Erhebung der demographischen Informationen lassen sich entsprechende Betrachtungen und Analysen problemlos im Nachhinein bewerkstelligen.

❷ Testkäufe: Regelmäßig anonym durchgeführte Testkäufe sollen die Stärken und Schwächen im Vertrieb und in den Produkten bzw. Dienstleistungen aufzeigen. Wie bei den Testanrufen werden hierfür geschulte Mitarbeitende von Agenturen eingesetzt, die sich persönlich vor Ort beraten lassen und sich somit ein Bild von den Vertriebsleistungen machen. Testkäufe werden ebenfalls strukturiert und standardisiert durchgeführt. Nur so kann eine verbindliche Auswertung und Vergleichbarkeit gewährleistet werden. Die Ergebnisse werden auch hier analysiert und bewertet. Verbesserungsmaßnahmen können direkt aus den Ergebnissen abgeleitet werden.

❸ Testanrufe: Viele Unternehmen haben täglich Kundenkontakte über Telefon. Die Kunden benötigen Auskünfte, zusätzliche Informationen zu Dienstleistungen oder Produkten, bringen Reklamationen an oder geben ihre Aufträge und Bestellungen telefonisch auf. Um den Kundenservice zu optimieren, eignen sich Testanrufe besonders gut. In der Regel rufen Mitarbeitende einer beauftragten Agentur die Unternehmen an und versuchen, mit strukturierter Vorgehensweise Service, Fach- und Methodenkompetenz zu ermitteln. Jedes Gespräch wird analysiert und ausgewertet. Die Erkenntnisse aus den Testanrufen geben Aufschluss über die Qualität der Kundenschnittstelle. Eventuelle Schwachstellen werden erkannt und können – zum Beispiel über Weiterbildungen – behoben werden.

Die messbaren Kenngrößen der Qualität, wie zum Beispiel Prozessdurchlaufzeiten und Fehlerquoten, werden über Kennzahlensysteme erhoben und über Reportingsysteme sichtbar gemacht. Ein ausgezeichnetes Mittel zur Ermittlung der Dienstleistungsqualität ist das ▷ Gap-Modell. Mit dieser Methode können die Interaktionen zwischen Dienstleister und Kunde dargestellt und auf Schwachstellen untersucht werden.

5 ____ Prozessmanagement

5.1 ____ Welches sind die wichtigsten Grundsätze des Prozessmanagements?

Prozessmanagement steht in einem engen Zusammenhang mit Qualitätsmanagement. Mehr noch: Das Gestalten, Verbessern und Dokumentieren von Geschäftsprozessen bildet die Basis für die Einführung eines ganzheitlichen Qualitätsmanagements. Im Prozessmanagement werden sämtliche Tätigkeiten und Handlungen eines Unternehmens abgebildet. Die erste große Herausforderung beim Aufbau dieses Systems besteht in der sauberen Erstellung einer Grundstruktur. Welches sind die Kernprozesse, die die Wertschöpfung des Unternehmens sicherstellen? Welche strategischen Prozesse steuern die Kernprozesse? Welche Supportprozesse unterstützen die Durchführung der Prozesse? Dies sind die wichtigen Fragen, die zuallererst beantwortet werden müssen. Unternehmen, die sich eingehend mit diesen Fragen beschäftigen, finden sich schnell in einer Strategiediskussion wieder. Fragen nach dem Unternehmenszweck werden aufgeworfen. Die im Zentrum stehenden Produkte und Dienstleistungen werden hinterfragt und nach ihrem Beitrag zum Unternehmenserfolg bewertet. Kommt der Faktor Zeit zur Sprache, stellen sich Fragen zur mittel- und langfristigen Entwicklung und zur Überlebensfähigkeit. Aber nicht nur die Kernprozesse bieten Diskussionsbedarf. Welche Prozesse steuern (Managementprozesse) und welche Prozesse stellen «lediglich» den Support der Kernprozesse sicher? Steuert die Personalabteilung, oder ist sie eher eine Supportorganisation? Fragen, die losgelöst von persönlichen Interessen diskutiert werden müssen.

Ist die Struktur gefunden, muss der Detaillierungsgrad festgelegt werden. Ein mittelgroßes Unternehmen sollte mit dreißig bis vierzig Geschäftsprozessen auskommen. Natürlich werden unterhalb dieses Prozessniveaus weitere Subprozesse oder Arbeitsabläufe ins System aufgenommen. Es gibt Unternehmen, die drei oder mehr Hierarchiestufen innerhalb des Prozessmanagementsystems führen. Die Erfahrung zeigt, dass eine übertriebene Tiefenschärfe auch hinderlich sein kann. Alle Prozesse des Systems müssen gepflegt werden und – um beim Prozessjargon zu bleiben – die Pflege des Systems ist nicht wertschöpfend. Daher spielt die Dimensionierung des Systems eine wichtige Rolle.

Die Prozesse des Systems werden je einem Prozesseigner zugeteilt. Dieser ist dafür verantwortlich, dass die Prozesse die Wirklichkeit abbilden. Vorgenommene Optimierungen müssen zwingend in den Prozessen nachgebildet werden. Bei der Zertifizierung nach ISO 9001 wird die Übereinstimmung der Prozesse mit den realen Abläufen überprüft, nicht etwa die Effizienz der Prozesse selber.

Die Prozesse bilden eine Einheit und müssen so aufeinander abgestimmt werden, dass der Output des vorhergehenden Prozesses dem Input des nachfolgenden Prozesses entspricht. Wird dies nicht gewährleistet, ist davon auszugehen, dass in den Arbeitsabläufen Optimierungsbedarf besteht oder aber die Prozesse mangelhaft dokumentiert wurden.

Eine eindeutige Namensgebung und eine nachvollziehbare Nummerierung der Prozesse fördert die Transparenz des gesamten Systems. Jeder Prozess sollte über eine Kennzahl verfügen, die einen direkten Rückschluss auf dessen Effizienz zulässt. Die Leistung des Prozesseigners wird anhand dieser Kennzahl gemessen. Auch bei den Kennzahlen – die in der Regel in einer ▷ Balanced Scorecard (BSC) zusammengefasst werden – geht Qualität vor Quantität. Dem Management sollen genau die Kennzahlen zur Verfügung gestellt werden, die es braucht. Zu viele Kennzahlen erschweren die Übersicht und somit auch die Steuerung des Unternehmens.

5.2 _____ Was versteht man unter einem Prozess?

Ein Prozess ist eine Struktur, deren Elemente Aufgaben, Aufgabenträger, Sachmittel und Informationen sind, die durch logische Folgebeziehungen verknüpft werden. Darüber hinaus werden zeitliche, räumliche und mengenmäßige Dimensionen konkretisiert. Mit dem Ziel, ein bestimmtes Produkt zu erzeugen oder eine bestimmte Dienstleistung zu erbringen, wirken Menschen, Maschinen, Informationen, Materialien und Verfahren zusammen. Ein Prozess hat eine definierte Eingangsgröße (z.B. ein Halbfabrikat) und eine Ausgangsgröße. Als Eingaben für Prozesse dienen üblicherweise die Ergebnisse aus vorhergehenden Prozessen. Diese Eingaben werden innerhalb des Prozesses wertschöpfend bearbeitet. Die daraus entstehenden Ausgangswerte oder Resultate werden an nachfolgende Prozesse weitergegeben.

Ein Prozess

- hat einen messbaren Input und Output,
- besitzt einen definierten Anfang und ein definiertes Ende,
- verfügt über eine messbare Wertschöpfung ($\triangleright$ Wertflussanalyse),
- optimiert den Kundennutzen,
- wird durch einen definierten Prozessverantwortlichen (Prozesseigner) kontrolliert, gesteuert und bei Bedarf optimiert ($\triangleright$ Prozessanalyse, $\triangleright$ Prozessoptimierung),
- kann zusammengesetzt sein aus Teilprozessen und kann selbst Teilprozess sein.

Prozesse in einer Organisation lassen sich beliebig strukturieren. In der Praxis und in der Fachliteratur finden sich unterschiedliche Ansätze und Begriffe. So können Prozesse segmentiert werden nach:

- Geschäftsbereichen/Sparten,
- Kundengruppen,
- Komplexität/Problemgehalt,
- Funktionsbereichen.

In der Praxis wird heute meistens zwischen Führungsprozessen (Strategie, Planung), Kernprozessen (Wertschöpfungsprozessen) und unterstützenden Prozessen unterschieden.

Die Führungsprozesse (Managementprozesse) dienen dem Unternehmen zur Planung der mittel- und langfristigen Zukunft. Hier wird das Kerngeschäft des Unternehmens definiert und zugleich festgelegt, mit welchen Kernprozessen der Geschäftserfolg angestrebt wird. Die Führungsprozesse umfassen auch alle relevanten Tätigkeiten zur Steuerung und Weiterentwicklung der Organisation.

Unter Kernprozessen versteht man diejenigen Prozesse, die ein Unternehmen von Anfang bis Ende autonom in eigener Verantwortung vollzieht (externer Lieferant und externer Kunde) und in denen die eigentliche Wertschöpfung stattfindet (Kerngeschäft des Unternehmens: z.B. Produktion von Solaranlagen, Durchführung von Bahntransporten). Die Kernprozesse haben einen unmittelbaren Bezug zur Leistung des Unternehmens. Die Beherrschung der Kernprozesse wirkt sich direkt auf die Konkurrenzfähigkeit eines Unternehmens aus. Unter Beherrschung versteht man nicht nur die fehlerlose Durchführung der einzelnen Prozessschritte, sondern auch die laufende Anpassung der Prozesse aufgrund von Veränderungen im Umfeld (neue gesetzliche Bestimmungen, veränderte Marktsituation, neue Kundenbedürfnisse).

Unterstützende Prozesse (Supportprozesse) sind Aktivitäten, die aus Kundensicht nicht wertschöpfend, aber notwendig sind, um die Kernprozesse durchführen zu können (z. B. Lohnabrechnung eines Unternehmens oder die Prozesse der Marketingabteilung). Interne Serviceprozesse (z. B. Wartung des Maschinen- oder Fahrzeugparks) unterstützen die Wertschöpfung und zählen in der Regel auch zu den unterstützenden Prozessen.

In einigen Modellen werden die Führungsprozesse – die ähnlich wie die Serviceleistungen einen wertermöglichenden Charakter haben – den unterstützenden Prozessen zugeordnet.

Die Summe aller Prozesse eines Unternehmens wird Prozessorganisation oder Prozessmanagementsystem genannt. Im Vordergrund der Prozessphilosophie steht immer der Mehrwert für den Kunden, wobei der Begriff Kunde nicht nur für eine außerhalb des Unternehmens stehende Person oder Organisation steht, sondern auch für den internen Kunden, der Nutznießer eines Prozesses ist.

Der Ausdruck Prozesssteuerung, der früher vor allem in industriellen Bereichen Anwendung fand, wird heute breiter verwendet und bezeichnet die Sicherstellung der Übereinstimmung zwischen den Prozessanforderungen und den Prozessergebnissen. Ziel der Unternehmen ist, ihre Prozesse unter Kontrolle zu bringen. Man spricht in diesem Zusammenhang von beherrschten Prozessen.

Ein Prozess gilt als beherrscht, wenn:

- die Forderungen und Bedürfnisse der Prozesskunden erfüllt werden,
- Trends im Prozessverlauf erkannt und gesteuert werden, bevor sich Fehler einschleichen,
- Benutzer- und Kundenzufriedenheit erreicht wird.

Im Zusammenhang mit Fusionen oder strategischen Neuausrichtungen spricht man heute oft von Prozessinnovationen, eine Bezeichnung, die nicht in jedem Fall präzis ist. Im Rahmen von Fusionen werden in der Regel Synergieeffekte genutzt. Das heißt, die bestehenden Prozesse werden – mit dem Ziel, die Anteile mit Wertschöpfung auszubauen und die wertstützenden Schritte zu optimieren – zusammengeführt.

Unter Prozessinnovation versteht man hingegen die radikale Neugestaltung der Prozesse in einem Unternehmen. Ein Beispiel: Vor einigen Jahren haben einige innovative Straßenbauer damit begonnen, den Montageprozess von Leitplanken – eine Arbeit, die bislang vollständig manuell ablief – zu automatisieren. Diese Neuerung führte dazu, dass der Montageprozess in einem Viertel der bisher benötigten Zeit durchgeführt werden konnte, und verhalf den beteiligten Unternehmen in einem hart umkämpften Markt zu einem massiven Wettbewerbsvorteil.

5.3 _____ Wie wird die Prozessqualität sichergestellt?

Während in früheren Jahren die menschliche Arbeit und die Produkte im Mittelpunkt der Qualitätsbestrebungen standen, ging man Anfang der 1990er Jahre im Rahmen von ▷ TQM dazu über, den Kunden und die Prozesse, die zur Kundenzufriedenheit beitragen, in den Mittelpunkt der Qualitätsphilosophie zu stellen. Fehlerfreie Prozesse mit einem hohen Grad an Wertschöpfung sind der Schlüssel zur Erfüllung der Kundenanforderungen.

Qualitativ hochwertige Prozesse zeichnen sich dadurch aus, dass sie ausschließlich wertschöpfende und -unterstützende Schritte beinhalten. Weicht der Input eines Prozesses von den definierten Werten ab, löst dies eine Meldung an den Prozessverantwortlichen aus, der die Ursachen mit dem Verantwortlichen des Lieferantenprozesses klärt und beseitigt. Das Ziel eines Prozesses besteht darin, den erhaltenen Input möglichst schnell und wirtschaftlich zu bearbeiten und das Resultat (Output) dem Folgeprozess (Kunden) in der

Die Fast-Food-Kette McDonald's hat auf dem Gelände der Olympischen Sommerspiele in Peking einige neue Filialen eröffnet. Während der Spiele wurden diese Filialen regelrecht gestürmt, mit dem Resultat, dass die Kunden lange Wartezeiten hinnehmen mussten. Zudem kam es immer wieder zu Fehlauslieferungen, die auf die unterschiedliche Zeichensprache zurückzuführen waren: Das Strecken von Daumen und Zeigefinger, in der westlichen Welt als die Zahl zwei bekannt, bedeutet in China acht. Immer wieder wurden acht statt zwei Cheeseburger ausgeliefert. Als einfache Maßnahme wurden den nichtchinesischen Kunden an den Eingängen Formulare und Bleistifte in die Hand gedrückt. Die verschiedenen Menüs waren in chinesischen Schriftzeichen und auf Englisch aufgeführt. Die Kunden brauchten lediglich das entsprechende Menü anzukreuzen, die Anzahl in Ziffern einzutragen und den Zettel dem Personal abzugeben. Die Wartezeiten und die Fehlauslieferungen konnten so von einem Tag auf den anderen spürbar reduziert werden. Eine einfache Maßnahme mit riesiger Auswirkung auf die Prozessqualität.

definierten Qualität und im vereinbarten Zeitrahmen zur Verfügung zu stellen. Die Effizienz des Prozesses wird vom Prozessverantwortlichen mit Hilfe verschiedener Kennzahlen und Instrumente überwacht. Die Effektivität eines Prozesses ist in erster Linie von dessen Struktur abhängig und lässt sich mit einer ▷ Prozessanalyse beurteilen und schließlich auch optimieren (▷ Prozessoptimierung). Einfache Maßnahmen können mitunter eine entscheidende Wirkung auf das Prozessergebnis haben.

Die Indikatoren zur Messung der Prozessqualität im Beispiel auf Seite 62 sind der erzielte Umsatz, die Anzahl Verkaufstransaktionen, die Anzahl der Fehlauslieferungen oder der Kundenreklamationen.

6 —— Qualitätsmanagementsysteme im Praxiseinsatz

6.1 —— Wie geht man bei der Einführung eines Qualitätsmanagementsystems vor?

Kulturelle Voraussetzungen

Das Management wird durch die komplexen Anforderungen eines aktiv gelebten Qualitätsmanagements stark gefordert. Die Führungskräfte dürfen sich – wie das oft der Fall ist – nicht ausschließlich auf ihren eigenen Verantwortungsbereich fokussieren, sonst entstehen isolierte Lösungen, die den Anliegen des Gesamtsystems nicht gerecht werden. In erster Linie soll sich das gesamte Unternehmen auf die Kundenbedürfnisse ausrichten. Die Förderung und Weiterentwicklung des Qualitätsgedankens soll bereichsübergreifenden Charakter haben. Entscheidend für den Erfolg ist die Art und Weise, wie das Management die Notwendigkeit eines effizienten und effektiven Qualitätsmanagements den Mitarbeitenden glaubhaft machen kann. Dies kann nur gelingen, wenn die Zusammenhänge des Gesamtsystems eines Unternehmens auf der Managementstufe in einer genügenden Tiefenschärfe erkannt werden. Um den notwendigen Detaillierungsgrad in Bezug auf die Zusammenhänge zu erreichen, müssen die Qualitätskonzepte unter Einbezug der unternehmensinternen Fachexperten entwickelt werden. Gelebte Qualität bedarf also einer entsprechenden Kultur.

Einführung Schritt für Schritt

Vor der Einführung eines Qualitätsmanagementsystems sollte eine umfassende Situationsanalyse mit einem vollständigen Problemkatalog erstellt werden. Als Resultat der Analyse wird sichtbar, welche Aspekte eines Qualitätsmanagementsystems bereits vorhanden sind und welche Teile noch fehlen. Diese Systemlücken sollten vor der Maßnahmendefinition nach den Kriterien Wichtigkeit und Dringlichkeit bewertet werden. Das Beheben dieser Mängel soll Schritt für Schritt – unter Berücksichtigung der getroffenen Bewertung – erfolgen.

 Praxistipp

Achten Sie darauf, nicht zu viel auf einmal zu wollen. Bei der schrittweisen Einführung können die Ursachen für eventuell auftretende Unregelmäßigkeiten viel einfacher und schneller eruiert und behoben werden.

Information der Mitarbeitenden

Wie in jedem größeren Projekt sollten die Betroffenen frühzeitig informiert werden. Bei der Einführung eines Qualitätsmanagementsystems sind – es liegt auf der Hand – sämtliche Mitarbeitenden betroffen. Auch das Umfeld (Lieferanten, Kunden) hat ein großes Interesse, über Veränderungen informiert zu werden. Der Startschuss eines Projektes bietet immer eine gute Gelegenheit, die Strategie des Unternehmens in den Vordergrund zu rücken. Bei der Einführung eines Qualitätsmanagementsystems sollen die Qualitätspolitik und die Ziele, die in diesem Zusammenhang erreicht werden sollen, vorgestellt werden. Diese Form von Information kann einem größeren Kreis von Interessenten dargelegt werden. Wenn es hingegen darum geht, die Schwachstellen aufzuzeigen, die mit der Einführung des Qualitätsmanagementsystems beseitigt werden sollten, gilt es, den Kreis der Informationsempfänger enger zu halten.

Wie bei jedem anderen Projekt werden in der Anfangsphase die notwendigen Ressourcen und Kapazitäten definiert und reserviert sowie das Budget errechnet und beantragt. Eine der wichtigsten Fragen, die frühzeitig beantwortet werden muss, ist die nach dem Kenntnisstand der Mitarbeitenden, der vor allem aus einem Grund von großem Interesse ist: Ist das Personal bereits mit dem Thema Qualitätsmanagement vertraut und versteht es die zentrale Absicht, die hinter der Einführung eines Qualitätsmanagementsystems steht, dann können großangelegte Sensibilisierungskampagnen entfallen und die Ausbildung kann ebenfalls kleiner ausgelegt werden. Wie vorgängig erläutert, sind die kulturellen Aspekte bei der Implementierung eines Qualitätsmanagementsystems von zentraler Bedeutung. Seien Sie also vorsichtig und sparen Sie nicht am falschen Ort. Natürlich sind die meisten Mitarbeitenden überzeugt, zu wissen, was Qualität heißt und bedeutet. Viele werden auch die Kundenorientierung als einen der wichtigsten Erfolgsfaktoren aufzählen. Was aber Qualitätsmanagement in letzter Konsequenz für alle Beteiligten bedeutet, können die wenigsten abschätzen. Und noch etwas: Akzeptanzprobleme und Wissensdefizite haben zwar einen bestimmten Zusammenhang. Begehen Sie aber nicht den Fehler, zu denken, dass die Akzeptanz für ein umfassendes Qualitätsmanagementsystem nur über die Vermittlung von Wissen erreicht werden kann. Machen Sie sich also frühzeitig Gedanken zu den Motivationsmaßnahmen und zu den Mitteln (Mitarbeiterzeitung, Anschlagbrett, Firmenausflug etc.), die Ihnen bei der Umsetzung zur Verfügung stehen.

Dokumentation der vorhandenen Mittel

Selten startet ein Unternehmen im Qualitätsmanagement bei null. Oft sind bereits einige Qualitätsinstrumente vorhanden, die allerdings schlecht miteinander verbunden sind und selten genutzt werden. Dies ist übrigens ein Punkt, der unbedingt beachtet werden sollte. Von den Gegnern eines Qualitätsmanagementsystems wird häufig der administrative Aufwand kritisiert, und als Argument werden die Misserfolge der Vergangenheit aufgeführt. Diese Misserfolge sind in den meisten Fällen auf die fehlende Qualitätskultur zurückzuführen. Noch ein Grund mehr, dem Thema Akzeptanz die volle Aufmerksamkeit zu widmen und den Motivationsmaßnahmen ein großes Gewicht zu verleihen.

Die aktuell vorhandenen Elemente eines Qualitätsmanagementsystems sollen in einem Handbuch oder, noch besser, in einem Prozessmanagementsystem beschrieben werden. Nur so kann gewährleistet werden, dass ein Ausbau strukturiert und kontrolliert erfolgen kann.

Definition des Qualitätsmanagementsystems

Der Aufbau eines Qualitätsmanagementsystems ist natürlich stark von der Frage abhängig, was bereits vorhanden ist. Nehmen wir an, ein Unternehmen kennt die Anforderungen seiner Kunden, hinterfragt diese regelmäßig und leitet entsprechende Optimierungen ein. Ein solches Unternehmen besitzt bereits eine Qualitätskultur und braucht «lediglich» die aktuellen Prozesse aufzuzeichnen, zu überwachen und zu optimieren.

Die wirksame Lenkung der Prozesse nach Qualitätskriterien ist das A und O eines Qualitätsmanagementsystems. Aus diesem Grund soll für jeden relevanten Prozess eine Qualitätskennzahl entwickelt werden. Die Qualitätskennzahlen sollen regelmäßig ermittelt und den Interessierten in Form eines Reportings zugestellt werden. Ein gut funktionierendes Qualitätsmanagementsystem beinhaltet einen Qualitätszirkel, der sich um die ständige Verbesserung der Prozesskennzahlen kümmert.

Neben den eigenen Prozessen sollten auch ausgegliederte Prozesse betrachtet werden (Lieferantenbetreuung oder die Eingangsprüfung von Waren). Auch diese Prozesse können wirksam gelenkt werden.

Klingt alles ziemlich einfach, nicht wahr? In der Tat ist der technische Teil beim Aufbau eines Qualitätsmanagementsystems keine große Hexerei, wenn – und dies ist der springende Punkt – Management und Belegschaft vorbehaltlos hinter dem Projekt stehen.

Natürlich müssen noch die einzelnen Instrumente und die Prozessverantwortlichen bezeichnet werden. Ebenso muss ein funktionierendes Verbesserungsmanagement auf die Beine gestellt werden. Dazu braucht es Moderatoren, Fachexperten und vor allem Verbesserungsideen der Mitarbeitenden. Doch dies ist alles machbar, wenn die positive Grundstimmung im Unternehmen vorhanden ist.

Betrieb des Qualitätsmanagementsystems

Steht das Qualitätsmanagementsystem, ist es Aufgabe der Qualitätsmanager, dafür zu sorgen, dass es genutzt wird. Es sollen keine Kennzahlen produziert werden, die niemanden interessieren, und es sollen keine überflüssigen Sitzungen organisiert werden. Dem Aufwand, der unter dem Aspekt Qualität erbracht wird, soll ein spürbarer Nutzen gegenüberstehen (▷ Kosten-Nutzen-Analyse). Nur wenn dies gewährleistet wird, kann sich das Qualitätsmanagementsystem etablieren. Es gibt einige Beispiele von Unternehmen, die im Hinblick auf eine ISO-Zertifizierung ein Qualitätsmanagementsystem aufgebaut haben und zertifizieren konnten, weil die Systemstruktur den Normenanforderungen genügte. Doch später, als es galt, zu zeigen, wie das System gelebt wird, wurden eklatante Mängel sichtbar. Es gibt genügend Fälle, wo Theorie (System) und

Praxis (Arbeitsalltag) weit auseinanderklaffen. Wo dies der Fall ist, kann sich keine Qualitätskultur entwickeln, und jeder Aufwand für den Unterhalt des Qualitätsmanagementsystems ist verlorenes Geld.

Ein ausgewogenes Qualitätsmanagementsystem, konsequent auf die Bedürfnisse der Kunden ausgerichtet und so konzipiert, dass die Mitarbeitenden ihre Aufgaben optimal und ohne administrativen Zusatzaufwand erfüllen können, soll also angestrebt werden. Ein richtig dimensioniertes und strukturiertes System ohne unnötigen Firlefanz kann den sich verändernden Bedürfnissen flexibel angepasst werden, wird von den Mitarbeitenden gerne genutzt und – was zentral ist – unterstützt die Qualitätskultur im Unternehmen.

6.2 ___ Welches sind die häufigsten Managementfehler im Qualitätsmanagement?

Das ideale Qualitätsmanagement, das in allen Unternehmen eingesetzt werden kann, gibt es nicht. Jedes Unternehmen und jede Organisationseinheit ist einzigartig, verfügt über eine eigene Strategie (auch wenn diese nicht niedergeschrieben ist) und – dies ist noch viel entscheidender – über eine eigene Kultur. Es gilt daher immer, ein System zu finden, welches den Anforderungen und Bedürfnissen einer bestimmten Organisation oder eines Unternehmens am ehesten entspricht.

Natürlich werden beim Aufbau und bei der Umsetzung eines Qualitätsmanagementsystems immer wieder grundsätzliche Fehler gemacht, auf die wir hier eingehen wollen: Der Aufbau eines Qualitätsmanagementsystems wird oftmals an eine Abteilung oder ein externes Beratungsunternehmen delegiert. Natürlich kann die Entwicklung eines Kennzahlensystems, eines Qualitätsreportings oder die Implementierung einer entsprechenden Software delegiert werden. Doch zuerst müssen die Ziele, die mit dem Qualitätsmanagement verfolgt werden wollen, durch das Management definiert werden. Auch sollten die wichtigsten Geschäftsprozesse aufgezeichnet worden sein (inklusive Prozessziel und -kennzahl). Die Unternehmensziele und die Geschäftsprozesse bilden die absolut notwendige Grundlage für den Aufbau eines Qualitätsmanagementsystems.

Der zweite grundsätzliche Fehler, der oft begangen wird, liegt in der Wahl der Qualitätskennzahlen. Vielfach kann sich das Management nicht entscheiden, welches nun die richtigen Zahlen sind. Jeder Unternehmensbereich hat eigene Vorstellungen. Hier gilt:

Konzentration auf die wichtigsten Zahlen. Es soll genau untersucht werden, welche Zahlen in Bezug auf die Prozessqualität am aussagekräftigsten sind. Also: Fokus auf die wichtigsten Kennzahlen, Kennzahlenermittlung nach der immer gleichen Methode und regelmäßige Kommunikation (z.B. mit einem gut strukturierten Qualitätsreport).

Ein weiterer Fehler, der häufig anzutreffen ist, erfolgt bei der Bestimmung der Qualität. Jede Qualitätslehre fordert, dass die Qualität direkt aus den Kundenanforderungen entsteht, ein Grundsatz, der unbestritten ist. Dennoch gibt es immer wieder Fälle, wo die verantwortlichen Manager glauben, die Kundenanforderungen zu kennen. Die Qualität wird bestimmt, ohne die Kunden einzubeziehen. Dies kann dazu führen, dass eine Minder- oder Überqualität geliefert wird. Die Minderqualität führt zu Reklamationen und im Extremfall zum Verlust eines Kunden. Die Überqualität führt in der Regel zu keinen Reaktionen seitens der Kunden, doch sie erhöht unnötig die Herstellungskosten und somit den Preis, was schließlich ebenfalls zum Verlust des Kunden führen kann, nämlich dann, wenn ein Konkurrent aufgrund seiner konsequenteren Ausrichtung auf die Kundenbedürfnisse günstiger produzieren und anbieten kann.

6.3 ＿＿＿ Welches sind die häufigsten Fehler in der Umsetzung?

Gute Qualität erzeugt zufriedene Kunden, und zufriedene Kunden wirken sich fördernd auf das Image des Unternehmens aus. Je nach Branche können solide, fehlerfreie Arbeit und tadellose Produkte bereits ausreichen, um sich im Markt entsprechend gut zu positionieren. Meistens reicht dies allerdings nicht, und es sind diverse kommunikative Begleitmaßnahmen erforderlich. Genau hier liegt eines der größten Fehlerpotenziale: Die Kunden sind in der Regel anspruchsvoll und kritisch. Übertriebene Werbung mit Versprechen, die nicht eingehalten werden können, wirkt kontraproduktiv. Also: Eine genaue Analyse des Zielpublikums kann Missgriffe verhindern.

Auch das Gegenteil ist oft der Fall: Ein Unternehmen bietet gute Qualität zu einem wettbewerbsfähigen Preis. Doch die Repräsentanten des Unternehmens verkaufen ihr Produkt nicht mit der richtigen Überzeugung. Ein Ferrari-Fan sollte keine Porsches verkaufen, und ein introvertierter Mensch sollte nicht im Verkauf arbeiten. Letzthin im ICE hat der freundliche Schaffner einen Cappuccino serviert. Bei der Nennung des Preises nuschelt er, sodass man nichts versteht. Die Aufrundung auf den nächsten runden Betrag entfällt, Trinkgeld ade.

Es kann durchaus auch vorkommen, dass das Personal in der Absicht, etwas Gutes zu tun, den Kunden vergrault: Wird im Restaurant das Gedeck abgeräumt, sobald der Gast das Besteck niederlegt, löst dies ein unangenehmes Gefühl aus, vor allem dann, wenn sein Gegenüber noch am Essen ist.

Ein gut funktionierendes Qualitätsmanagement bringt systematische Mängel sofort an den Tag (siehe Abbildung 5). Auch Qualitätsschwankungen, die aufgrund von zufälligen Ereignissen entstehen, werden entdeckt. Viele Manager tun sich schwer damit, die zufälligen Mängel zu ignorieren und sich auf die Behebung der systematischen Fehler zu konzentrieren. Ein weiteres Phänomen, das vor allem bei der Präsentation des Qualitätsberichts oft beobachtet wird: Verändert sich eine Kennzahl im Vergleich zur vorhergehenden Beobachtungsperiode markant, werden sofort Vermutungen angestellt, wo die Ursache liegen könnte. Steigen zum Beispiel die Arbeitsunfälle an, weiß man sofort: «Das ist wegen des starken Schneefalls, den wir letzten Monat hatten.» Oftmals verhindert dieses Verhalten die Durchführung einer seriösen Ursachenanalyse, und systematische Fehler bleiben unentdeckt.

Abb. 5: Checkliste Fehler im Qualitätsmanagementsystem

Fehler in der Planungsphase	■ mangelhaftes Pflichtenheft ■ mangelhaftes Projektmanagement, keine Meilensteine gesetzt, die überprüft werden können ■ fehlende oder mangelhafte Kommunikation mit anderen Planern und Entwicklern ■ Kosten zu tief geschätzt ■ unvollständige Dokumentation
Fehler in der Beschaffung	■ mangelhafte Termintreue des Lieferanten ■ fehlerhafte Bestellung ■ Qualitätsmängel bei der Lieferung ■ unsorgfältige Lieferantenauswahl ■ keine oder ineffiziente Wareneingangskontrolle
Fehler in der Produktion	■ mangelhafte Fertigungsvorgaben ■ falsch berechnete Durchlaufzeiten, fehlende Kapazität ■ falsche Verwendung der Fertigungsmittel (Maschinen, Werkzeuge) ■ Fehlprogrammierung von Produktionsmitteln ■ fehlende oder ungeeignete Prüfmittel

Spekulationen haben im Rahmen eines gut funktionierenden Qualitätsmanagements nichts zu suchen. Natürlich dürfen jederzeit Hypothesen aufgestellt werden, die anschließend aufgrund von Analysen untersucht und in der Folge erhärtet oder verworfen werden.

Die Zusammenstellung möglicher Fehler in Abbildung 5 soll helfen, den Blick für Schwachstellen zu schärfen, und kann gleichzeitig als einfache Checkliste Anwendung finden.

6.4 _____ Welches sind die Ursachen von Qualitätsmängeln?

Mängel können überall und jederzeit entstehen

Qualitätsmängel können praktisch während des gesamten Zeitraumes von der Planung über die Leistungserstellung bis zur Leistungsverwertung auftreten. Man spricht von verschiedenen Ursachengruppen für Qualitätsdefizite, die in der gesamten Produktionskette auftreten können.

Die häufigsten Fehlerursachen

Wie die Erfahrung zeigt, liegen die Ursachen für später auftretende Fehler vor allem in folgenden Bereichen:

- unklare Produktdefinition,
- unrealistische Termine,
- unerfüllbare Produktspezifikationen aufgrund fehlender Technologie,
- unerfüllbare Versprechungen gegenüber den Kunden, um einen Auftrag zu erhalten,
- mangelhafte interne Kommunikation (fehlende Ressourcen und Kapazitätsabklärungen),
- fehlende Fachkompetenz,
- fehlerhafte Marktanalysen, falsche Einschätzung der Kundenwünsche oder des Marktpotenzials.

Je nach Lehre wird zwischen den «vier M» oder den «sechs M» unterschieden. Der Ansatz der vier M führt folgende Gruppen: Mensch, Maschine, Methode und Material; bei den sechs M kommen zusätzlich Milieu/Umfeld (z.B. Umgebungstemperatur, Luftfeuchtigkeit) und Messungen oder Management dazu. Der bekannteste Ansatz – das Ishikawa-Diagramm (▷ Ursache-Wirkungs-Diagramm) – arbeitet mit fünf Ursachengruppen.

Mängel können eindeutig definiert werden

Qualitätsdefizite treten dann auf, wenn die Arbeit einer Maschine oder die Eigenschaften des eingesetzten Materials zu stark vom gewünschten Wert abweichen. Statistisch ausgedrückt bedeutet dies, dass die Planung eines Produkts zum Beispiel ein mittleres Gewicht von 50 Gramm vorsieht, das um höchstens 2 % nach oben oder nach unten abweichen darf. Ausführungen des Produktes, deren Gewicht außerhalb der zulässigen Toleranz mit der oberen Grenze von 51 Gramm und der unteren Grenze von 49 Gramm liegt, wären also mit einem Qualitätsmangel behaftet.

Die Ermittlung der Fehlerursache ist der erste Schritt zur Optimierung

Das Aufdecken der Ursachen von Qualitätsmängeln ist der erste Schritt zur Optimierung und zur Vermeidung von Folgekosten. Denn eines ist klar: Qualitätsmängel kosten Geld, und zwar umso mehr, je später sie erkannt werden. Im ungünstigsten Fall werden Mängel erst beim Kunden entdeckt, und dies vielleicht erst nach Monaten oder Jahren. Schon oft wurden qualitativ ungenügende Bauteile in ein Gesamtsystem (Maschine, Fahrzeug etc.) eingebaut, versagten ihren Dienst bereits nach kurzer Zeit und brachten das ganze System zum Erliegen.

Bei der Ermittlung der Ursachen soll zwischen zufälligen Mängeln (Kurzschluss hervorgerufen durch einen Blitzeinschlag) und systematischen Mängeln (fehlerhafte Maschineneinstellung) unterschieden werden. Der Eliminierung der systematischen Mängel soll unbedingt Priorität eingeräumt werden, da deren Beseitigung einen weit größeren Hebeleffekt bewirkt. Ebenfalls mit dem Hebeleffekt spielt das Pareto-Prinzip (▷ Pareto-Diagramm), wonach 80 % der Fehler auf 20 % der Fehlerursachen beruhen.

Menschliche Handlungen als Fehlerursache

Die wichtigste Quelle für Abweichungen von der Norm ist – wie die Erfahrung zeigt – der Mensch. Dieser kann sowohl in seiner Funktion als Glied des Produktions- und Überwachungsprozesses wie auch durch die Wahl einer ungeeigneten Leistungserstellungsmethode Fehler verursachen.

In Bezug auf die Ursache «Mensch» kann danach unterschieden werden, ob der Qualitätsmangel auf der Fehlleistung einzelner Mitarbeitender, einzelner Funktionsbereiche oder auf der Fehlleistung des Unternehmens als Ganzes beruht.

Menschliches Fehlverhalten hat viele Gründe und kann unter anderem aus Nichtwissen, Fehlinterpretationen, ungenauem Arbeiten, Sabotage, physischer oder mentaler Überbelastung und vielen anderen Ursachen entstehen. Bilden Know-how-Mängel die Fehlerursache, werden Maßnahmen im Bereich der Wissensvermittlung (Weiterbildung, Instruktionen) ergriffen. Damit eine adäquate Wissensvermittlung stattfinden kann, müssen zuerst die Lücken ermittelt werden. Erst dann können gezielte Maßnahmen definiert werden, die innert nützlicher Frist zu einer Verbesserung der Situation führen.

Der physischen Überlastung wird auf Gesetzesebene entgegengewirkt. So hat ein Lkw-Fahrer klare Vorgaben in Bezug auf die Lenkzeiten. Die Polizei prüft deren Einhaltung anhand von Fahrtenschreiberkontrollen. Auch bei Unfällen wird der Fahrtenschreiber ausgewertet. Allein die Einhaltung der Arbeitszeitvorgaben garantiert nicht das Ausbleiben von Fehlern aufgrund von körperlicher Überlastung. Durch eine abwechslungsreiche Gestaltung der Aufgaben kann diesem Effekt ebenfalls entgegengewirkt werden.

Liegen die Fehlerursachen in einer ungenauen Arbeitsweise oder in einem allgemeinen Desinteresse, sind wir schnell wieder beim Thema Qualitätskultur. Anreizsysteme können hier eine Verbesserung bewirken. Allerdings können durch Anreizsysteme ungeplante Nebenwirkungen entstehen. Werden zum Beispiel verschiedene Teams miteinander verglichen mit der Absicht, das erfolgreichste Team zu prämieren, können leistungsschwächere Mitarbeitende schnell ausgegrenzt werden. Erfolgt der Vergleich auf Basis von Einzelpersonen, kann Neid und Eifersucht entstehen. Zudem kann der Informationsfluss unter dem Wettbewerbsdruck leiden. Eine Qualitätskultur kann nur dann entstehen, wenn sämtliche Blicke auf die Erfüllung der Kundenanforderungen gerichtet sind und die persönlichen Interessen in den Hintergrund treten.

Wie sich Kunden für Qualität stark machen

Wo eine direkte Beziehung zwischen Lieferanten und Kunden besteht, können die Erfahrungen und Bedürfnisse in bilateralen Kontakten ausgetauscht werden. Der Kunde kann sich einbringen, und seine Erwartungen werden vom Lieferanten aufgenommen. Bei Massenwaren findet der Kontakt zwischen Herstellern und Kunden auf einer anderen Basis statt. Die direkte Einflussnahme auf die Produkte ist seitens der Kunden nur bedingt möglich. Der Hersteller hat zudem die Aufgabe, sein Produkt oder seine Dienstleistung so zu gestalten, dass eine möglichst große Menge potenzieller Kunden angesprochen wird. In einigen Branchen (z. B. Gastronomie, Tourismus, Automobil) werden die häufigsten Mängel regelmäßig von Konsumentenorganisationen oder Interessengemeinschaften publiziert. Internetseiten, auf denen Kunden die Erfahrungen zu einem bestimmten Produkt austauschen, sind in den letzten Jahren stark aufgekommen. Vielfach befinden sich Feedbackmöglichkeiten direkt auf der Homepage des Anbieters oder eines Leistungsvermittlers (z. B. Buchungsportale für Hotels oder Ferienwohnungen). Mängel werden so schnell öffentlich gemacht, der Druck auf die Anbieter steigt und qualitativ ausgezeichnete Arbeit wird belohnt.

6.5 _____ Wie werden Qualitätsmängel frühzeitig entdeckt?

Die frühe Erkennung von Schwachstellen zahlt sich aus

Ein Qualitätsmanagementsystem sollte seine Wirkung – bezogen auf die Wertschöpfungskette – bereits frühzeitig, das heißt vor der Entstehung des Produkts oder der Dienstleistung, entfalten. Je früher mögliche Schwächen erkannt werden, desto geringer sind die Kosten für deren Behebung.

Ein ausgefeiltes Qualitätsmanagementsystem lässt Qualitätsmängel grundsätzlich nicht zu. Dafür sorgen all die Kontrollmechanismen, die Stichproben und die Warenprüfungen. Je früher im Prozess solche Prüfungen eingebaut werden, desto eher werden Abweichungen von der definierten Norm festgestellt. Daher liegt es auf der Hand: Ein umfassendes Qualitätsmanagement umfasst auch die Lieferanten. An sie werden Erwartungen gestellt, die sie erfüllen müssen – Erwartungen, die sich auf die Qualität der gelieferten Leistungen beziehen, aber auch Erwartungen im Bereich der Normen. Viele Lieferanten können sich nur noch im Wettbewerb behaupten, wenn sie über die nötigen Qualitätszertifikate verfügen (▷ Akkreditierung und Zertifizierung). Weit sinnvoller als die Forderung nach Zertifikaten ist die bewusste Auseinandersetzung mit den Lieferanten. Viele Unternehmen haben dies erkannt: Lieferantenbesuche sind an der Tagesordnung und Lieferantenaudits haben sich längst durchgesetzt. Eine enge Anbindung der Lieferanten bringt selbstverständlich Vorteile im Wettbewerb: Die Prozesse können unternehmensübergreifend gestaltet und überwacht werden.

Für die Lieferanten birgt diese enge Form der Zusammenarbeit nicht nur Vorteile. Wenn sie sich kompromisslos auf die Wünsche eines bestimmten Kunden ausrichten und ihre Prozesse dementsprechend anpassen, werden sie Mühe haben, sich innert kurzer Zeit mit derselben Professionalität auf andere Abnehmer auszurichten.

Statistische Instrumente fördern die Früherkennung

Die Qualität wird heute in vielen Betrieben über statistische Maße definiert, festgelegt und überwacht. ▷ Six Sigma heißt das Zauberwort, welches seit den Erfolgen von General Electric in den neunziger Jahren auch in Europa zum Begriff geworden ist. Die Six-Sigma-Philosophie geht von einer angestrebten Fehlerrate von maximal 3,4 Fehlern auf 1 Million Fehlermöglichkeiten aus. Prozesse, die nach der Six-Sigma-Methode durchkämmt und optimiert worden sind, liefern optimale Qualität, auch unter dem Gesichtspunkt, dass der Erfolg jeder Optimierung mittelfristig ein wenig nachlässt. Six Sigma beinhaltet eine Controllingphase, während der die veränderten Prozesse intensiv überwacht werden. Ungeplante Abweichungen werden somit frühzeitig erkannt, und die notwendigen Korrekturmaßnahmen können eingeleitet werden.

Wichtige Rolle der Mitarbeitenden

Die Basis jedes Qualitätsmanagementsystems bildet – zum Glück – nach wie vor der Mensch. Mitdenkende, nicht nur Mitarbeitende, sind gefragt. Der Wille, das Unternehmen weiterzubringen, die Qualität zu verbessern und alle sich bietenden Chancen zur Optimierung und Verbesserung wahrzunehmen, ist idealerweise tief im Unternehmen verankert. Mitdenkende Mitarbeitende decken Mängel schnell auf oder – noch besser – spüren frühzeitig, wenn sich Fehlentwicklungen anbahnen. In kleinen und mittleren Unternehmen funktioniert dies oft, ohne dass spezielle Maßnahmen nötig sind. Die Mehrzahl der größeren Unternehmen spricht zwar von der Verbesserungskultur, ist aber noch weit davon entfernt. Wer sich auf diesem Gebiet profiliert, kann gegenüber der Konkurrenz einen entscheidenden Wettbewerbsvorteil herausarbeiten.

6.6 _____ Was tun, wenn Qualitätsmängel erst nachträglich entdeckt werden?

Das Image des Herstellers steht auf dem Spiel

Wer kennt sie nicht, die Rückrufaktionen wegen fehlerhaften Produkten? Vor allem in der Automobilindustrie, wo ein brutaler Konkurrenzkampf tobt, kann ein systematischer Mangel einem Unternehmen das Genick brechen. Weniger aufgrund der zusätzlichen Kosten, die natürlich auch nicht zu vernachlässigen sind, sondern mehr aufgrund des Imageschadens, der auch bei guter Kommunikationsstrategie noch jahrelang nachwirken kann.

Erst kürzlich musste nach Toyota auch Nissan wegen Problemen mit Bremspedalen und Tankanzeigen über eine halbe Million Autos in die Werkstätten zurückrufen. Besonders ärgerlich: Der wichtige US-Markt war von der Aktion betroffen. Natürlich konnten alle Kunden ihre Autos kostenlos untersuchen und reparieren lassen. Doch versetzen Sie sich in die Lage eines Kunden: Dieser soll sein Auto innerhalb weniger Tage einer Werkstatt vorführen. Die Zeit für diesen Aufwand wird ihm nicht erstattet. Erbringt er den Aufwand nicht, läuft er Gefahr, einem zusätzlichen Sicherheitsrisiko ausgesetzt zu sein. Ereignet sich – auch Monate später – ein Unfall, dessen Ursache auf diesen Qualitätsmangel zurückzuführen ist, haftet er mit – da er seinen Wagen nicht vorgeführt hat. Diese Situation bleibt im Gedächtnis der Kunden haften, und die negativen Folgen für die Autohersteller können nur über einen hundertprozentigen Kundendienst, über absolute Kulanz und mit zusätzlichen kostenlosen Leistungen gegenüber dem Kunden wettgemacht werden. Bei Nissan waren 540 000 Autos weltweit betroffen. Man kann sich mühelos ausrechnen, wie verheerend die Folgen ausfallen können.

Professionelles und rasches Reagieren ist gefragt

Was bedeutet eine Rückrufaktion nun für die betroffenen Unternehmen? Ganz einfach, sie sollen die Fehler so schnell wie möglich beheben. Die Kunden müssen offen und umfassend informiert werden. Probleme verschweigen oder Fakten unter den Teppich kehren, ist keine Lösung. Dadurch würden die Folgen nur noch schlimmer. Nach erfolgter Kommunikation muss alles getan werden, um den Kunden keinen zusätzlichen Aufwand aufzubürden. Ist dies nicht möglich, soll der entstandene Zusatzaufwand mit anderen Maßnahmen – mehr als – aufgewogen werden. Weiter soll eine Regelung für möglicherweise später auftretende Mängel getroffen werden.

Die Koordination von solchen Aktionen ist äußerst komplex, weil es sich ausschließlich um Einzelereignisse handelt, die mit größter Wahrscheinlichkeit noch nie aufgetreten sind und auch in Zukunft nie mehr passieren werden. Es wird sich also niemand finden lassen, der konkrete Erfahrungen mit genau dieser Problemstellung hat. Auf der anderen Seite gibt es in jedem Unternehmen Mitarbeitende, die aufgrund ihres Wissens dazu beitragen können, eine solche Situation zu bereinigen. Daher soll in größeren Unternehmen ein Krisenstab gebildet werden, der bei der Koordination der Maßnahmen die Führung innehat. Professionelle Unternehmen setzen den Krisenstab frühzeitig und nicht erst unter dem Druck eines Ereignisses aus kompetenten Experten zusammen und üben regelmäßig den Einsatz mittels Krisenübungen. Der Krisenstab arbeitet mit Checklisten, die für die verschiedenen zu erwartenden Szenarien proaktiv erstellt worden sind.

Eine wichtige Bedeutung kommt der Zusammensetzung dieses Stabes zu: Die Leitung sollte beim Geschäftsführer liegen. Dazu kommen – je nach Branche – Fachexperten aus den verschiedenen Abteilungen und – was enorm wichtig ist – ein Kommunikationsprofi, der die Kommunikation zu den Kunden und Medien steuert.

6.7 ____ Wie erkennt man Überqualität?

Ikea-Gründer Kamprad meinte einmal zur Qualitätsphilosophie seines Unternehmens: «Die Möbel müssen einerseits von Dauer sein, andererseits nicht aufwendiger produziert werden, als es ihrem praktischen Nutzen entspricht. Die Qualität richtet sich nach dem tatsächlichen Bedarf, nicht nach extremen Anforderungen. Eine zu hohe Qualität schadet dem Kunden, weil sie sinnlos mehr kostet.»

Der Kunde wird dem Anbieter die Überqualität kaum melden. Seine Qualitätskriterien sind erfüllt. Zusätzliche Funktionen oder Teilleistungen nimmt er in der Regel gerne entgegen, ist aber nicht bereit, dafür zu bezahlen. Um die Konkurrenzfähigkeit zu erhalten, müssen sich Unternehmen konsequent an den Kundenanforderungen ausrichten. Wenn Kunden abspringen, weil ein Wettbewerber ihre Bedürfnisse zu einem günstigeren Preis anbieten, ist es schon zu spät. Mit anderen Worten: Überqualität darf gar nicht erst entstehen. Diverse Marktforschungsinstrumente wie Kundenbefragungen, Umfragen oder Analyse der Trends in einem bestimmten Marktsegment helfen, die wirklichen Bedürfnisse und deren Entwicklung zu erkennen.

Bieten Wettbewerber die gleichen Produkte und Dienstleistungen zu einem günstigeren Preis an, kann dies ein Hinweis auf Überqualität im eigenen Unternehmen sein. Es kann aber durchaus passieren, dass Hersteller bewusst Überqualität produzieren und damit auf Kundenfang gehen. Die ersten Handys mit integriertem Fotoapparat entsprachen keinem wirklichen Bedürfnis. Dennoch wurden sie – dank geschickter Werbung – von den Kunden nachgefragt. Schon bald ließen sich Handys ohne Fotoapparat nur noch schwer absetzen, obwohl diese Funktion keinem wirklichen Bedürfnis entsprach. Heute gehört die Fotofunktion zu den Standards eines Handys. Benützt wird sie längst nicht von allen Nutzern.

Überqualität kann auch innerhalb eines Prozesses entstehen. So kann ein Eisenbahnunternehmen seine Triebfahrzeuge einmal pro Monat in den Unterhalt senden. Resultat: keine Fahrzeugausfälle, hohe Pünktlichkeit und Kundenzufriedenheit, aber sehr hohe Wartungskosten. Vielleicht ließe sich eine vergleichbare Qualität mit längeren Unterhaltsintervallen bewerkstelligen oder über den Einsatz von Überwachungssystemen, die den Zustand der einzelnen Komponenten messen und das Einsatzmanagement frühzeitig über mögliche Risiken informieren.

Verfügt das Unternehmen über eine breite Datenbasis, lassen sich die zu erwartenden Resultate mit einer ▷ Aufwand-Nutzen-Matrix und – bei komplexeren Fragestellungen – mit einer Risikoanalyse abschätzen.

6.8 _____ Wie und wann sollen Qualitätsveränderungen kommuniziert werden?

Kunden erwarten eine offene und ehrliche Kommunikation

Das Kommunizieren von Qualitätsveränderungen richtet sich sehr stark nach der jeweiligen Situation, der Branche und dem betroffenen Produkt. So werden im Bahnverkehr Verspätungen unverzüglich – meistens sogar mit der Angabe von Gründen – kommuniziert. Die offensive Kommunikationsstrategie der Bahnunternehmen steigert die Erwartungshaltung der Kunden. Kürzlich hat eine Bahnkundin im ICE kurz nach der Abfahrt in Basel den Schaffner gefragt, ob der Zug pünktlich in Hamburg ankommen werde …

Verständnis der Kunden ist von zentraler Bedeutung

Nachfolgend werfen wir einen Blick auf die Erfahrungen aus dem Detailhandel: Die Anforderungen der Kunden an die Produktqualität basiert größtenteils auf subjektiven Eindrücken, und die Kundenzufriedenheit ist daher in der Regel das Ergebnis individueller Empfindungen. Bei Veränderungen am Produkt oder an einer Dienstleistung sollte diesem Grundsatz Rechnung getragen werden. Ob und wie schnell Kunden auf Qualitätsveränderungen reagieren, hängt von deren Wahrnehmung ab. Es kann durchaus passieren, dass Veränderungen unbemerkt bleiben. Daher sollten positive Veränderungen deutlich kommuniziert werden (Werbung, Informationskampagnen). Entstehen durch die Qualitätsveränderungen für den Kunden neue Möglichkeiten, seine Bedürfnisse zu befriedigen, sollen diese Alternativen proaktiv kommuniziert werden. Natürlich sollen auch Qualitätsverschlechterungen kommuniziert werden. Hier sollen vor allem die Beweggründe für diese Maßnahme aufgezeigt werden. Der Kunde soll die Handlungsweise des Unternehmens zumindest nachempfinden können, auch wenn dadurch die Kundenzufriedenheit nicht gesteigert werden kann. Wird eine Lebensmittelfiliale morgens erst um zehn statt wie bisher um neun Uhr geöffnet, werden die meisten Kunden Verständnis zeigen, wenn ihnen aufgezeigt wird, dass zwischen neun und zehn Uhr nur vereinzelte Konsumenten den Laden besucht haben.

Mit anderen Worten: Ein positives Image hilft bei der Kommunikation von Qualitätsveränderungen. Die ganz hohe Schule besteht darin, mit der Vermittlung von Verschlechterungen einen positiven Beitrag an das Image eines Unternehmens zu leisten.

Standards anstreben, ohne die Flexibilität einzuschränken

Bei der Kommunikation von Veränderungen im Qualitätsbereich muss berücksichtigt werden, dass Qualität vor allem im Servicebereich unterschiedlich gelebt werden kann. Hat ein Kunde zum Beispiel einen besonderen Wunsch, der nicht im Umfang des Dienstleistungsangebotes enthalten ist, kann dieses Bedürfnis entweder unerfüllt bleiben oder es wird ausnahmsweise von besonders kundenorientierten Mitarbeitern erfüllt. Ein Kunde, der in der Vergangenheit erlebt hat, dass sein Sonderwunsch erfüllt wurde, kann in einem anderen Fall enttäuscht werden, auch wenn er sich bewusst ist, dass sein Anliegen vom Leistungsanbieter nicht erfüllt werden müsste. Aus diesem Grunde ist ein einheitlicher Service anzustreben, der gleichzeitig ein flexibles Agieren des Verkaufspersonals beinhaltet und der die Kommunikation von Veränderungen erleichtert.

Frühzeitige Analyse möglicher Kundenreaktionen

Qualitätsveränderungen bewirken, sofern sie bemerkt werden, immer eine Kundenreaktion. Um die Folgen von Veränderungen bereits im Vorfeld abschätzen zu können, werden mit Vorteil Kundenbefragungen durchgeführt. Im Rahmen dieser Befragungen können den Kunden die Gründe für die Veränderung erläutert werden, was wiederum das Verständnis für die Maßnahmen vergrößern wird. Ebenso ist es wichtig, nach der Einführung der Veränderungen über systematische Befragungen das Feedback der Kunden einzuholen und eingegangene Reklamationen zu analysieren und auszuwerten.

Umgang mit nichtsteuerbaren Fremdeinflüssen

Ein Spezialfall ist die Beeinflussung der Qualität durch Rahmenbedingungen, die vom Unternehmen selber nicht gesteuert werden können. Durch Offenlegung der Situation werden den Kunden die Gründe für die Qualitätsveränderungen aufgezeigt. So hat erst kürzlich eine Supermarktkette ihre Preiserhöhungen dadurch begründet, dass Zahlungen, die im Laden mit einer Debitkarte erfolgen, neu vom Kartenbetreiber mit einer Gebühr belastet werden, und sie dadurch gezwungen werde, die entstehenden Mehrkosten den Kunden weiterzuverrechnen. Ob die Kunden diese Begründung klaglos akzeptieren, bleibt abzuwarten. Doch bestimmt werden einige Stimmen laut, die das Vorgehen als Versuch betrachten, die Verantwortung für die Preiserhöhung abzuwälzen.

Bestimmt geschickter hat sich eine Fluggesellschaft verhalten, als sie Monate im Voraus kommunizierte, dass ihr Heimatflughafen plane, die Nachtflugsperre mitten in der Urlaubszeit zu verlängern. Der CEO der Fluggesellschaft warnte in aller Öffentlichkeit vor gestrandeten Passagieren, die bei Verspätungen im Flugplan die Nacht im Flughafen verbringen müssen. Die frühzeitige Kommunikation hatte sich in diesem Fall gelohnt. Die Nachtflugsperre wurde zumindest in der kritischen Urlaubszeit nicht ausgedehnt.

6.9 _____ Wie lassen sich Qualitätskosten systematisieren?

Eine Möglichkeit, Qualitätskosten zu systematisieren, besteht darin, die Kosten in zwei Hauptgruppen aufzuteilen. Zur ersten Gruppe gehören die Kosten, die anfallen, um die gewünschte Qualität zu produzieren. Darin enthalten sind vorbeugende Kosten zur Fehlerverhütung sowie Prüf-, Kontroll- und Beurteilungskosten. Die Kosten für die Ausbildung und Weiterbildung des Personals fallen ebenfalls in diese Gruppe. In die zweite Gruppe gehören die Kosten, die aufgrund ungenügender Qualität anfallen, also Kosten, die aufgrund von Qualitätsmängeln entstehen: unbrauchbare Produkte (Ausschuss) und notwendige Nacharbeiten.

Die Kosten der ersten Gruppe (Qualitätssicherung) lassen sich in Unternehmen mit transparenten Geschäftsprozessen relativ einfach quantifizieren. Für die Fehlerkosten aus der zweiten Gruppe lässt sich – sofern die Mängel intern anfallen – die gleiche Aussage machen. Schwieriger wird es bei Defekten, die außerhalb des Unternehmens und somit auch außerhalb von dessen Einflussbereich anfallen. Diese Kosten werden auf verschiedene Arten und über unterschiedliche Kanäle gemeldet. Vor allem große Unternehmen mit Filialstrukturen oder mehreren Firmensitzen haben diesbezüglich enorme Schwierigkeiten. Bei den gemeldeten Aufwänden kann es sich um Kosten für erbrachte Garantieleistungen oder um Zahlungen im Rahmen der Produkthaftung handeln. Über alle Branchen gesehen ist der Anteil der extern anfallenden Fehlerkosten an den gesamten Qualitätskosten nahezu bei 40 %, ein riesiges Optimierungspotenzial. Trotzdem ist der Anteil der verschiedenen Qualitätskostenarten an den Gesamtkosten eines Unternehmens sehr unterschiedlich und von der Branche abhängig.

Weitere Möglichkeiten bestehen in der Systematisierung der Kosten nach Abteilungen, Kostenstellen, Verkaufsbezirken, Produktgruppen oder nach Prozessen (▷ Kosten-Nutzen-Analyse). Gewisse Auswertungen werden in einem umfassenden Qualitätsmanagementsystem sicherlich bereits standardmäßig im Rahmen des periodischen Reportings vorgenommen, andere können mit einem geringen Zeitaufwand generiert werden. Es gilt auch hier, keine voreiligen Schlüsse zu ziehen. Werden zum Beispiel aufgrund der ermittelten Kosten Vergleiche zwischen den einzelnen Abteilungen gezogen, müssen zwingend die Rahmenbedingungen, wie zum Beispiel der Automatisierungsgrad, berücksichtigt werden.

6.10 ___ Wie werden Spitzenleistungen im Qualitätsmanagement erzielt?

Was sind Spitzenleistungen im Qualitätsmanagement? Eine Zertifizierung? Der Gewinn eines Qualitätspreises? Ja, zugegeben: der Aufbau eines Qualitätsmanagementsystems und dessen permanente Optimierung kann als Spitzenleistung betrachtet werden. Nicht jedes Unternehmen mit einem funktionierenden Qualitätsmanagementsystem ist auch in der Lage, Business Excellence nach EFQM (▷ EFQM-Modell) zu erreichen. Dazu gehören viel Beharrlichkeit und motivierte Fachkräfte. Außerdem braucht es ein Management, das den nötigen Kampfgeist und Ehrgeiz aufbringt, um sich im Rennen um die begehrten Awards durchzusetzen.

Doch lassen wir uns vom Kampf um Trophäen nicht vom eigentlichen Ziel ablenken? Die Erwartungen unserer Kunden erfüllen und Geld verdienen, das ist unser Ziel. Sollte der Fokus nicht auf den Kunden gelegt werden? Zufriedene Kunden müssten uns doch mehr wert sein als jede Auszeichnung.

In der Tat steht der Kunde im Mittelpunkt unseres Handelns. Dennoch haben beide Ansätze ihre Berechtigung. Ein enger Kontakt mit den Kunden (interne und externe) hilft, unsere Produkte und Dienstleistungen laufend zu verbessern. Das ist richtig. Auf der anderen Seite soll man auch ab und zu über den Gartenzaun schauen und beobachten, wie sich die Konkurrenz verhält. Der Kampf um einen Qualitätsaward ist nichts anderes als ein ▷ Benchmarking, das von einem Dritten durchgeführt wird. Der Vergleich mit Wettbewerbern bringt jedes Unternehmen, das offen für Neues ist, weiter. Manchmal kann auch ein Vergleich mit branchenfremden Unternehmen zu neuen Ideen und Verbesserungen führen. Solche Vergleiche sind besonders intensiv anzustreben, da sie in einer offenen Atmosphäre ohne Geheimniskrämerei durchgeführt werden können und folglich nur Gewinner kreieren.

Sowohl der Kunden-, wie auch der Benchmarkansatz bedingen vor allem eines: eine selbstkritische Haltung und die Fähigkeit, Optimierungspotenziale zu erkennen und auszunutzen. Mit der Haltung «Wir sind die Besten» lässt sich vielleicht ein gutes Unternehmensklima aufbauen, auf lange Frist ist sie jedoch tödlich. Vor allem nach dem Gewinn einer Auszeichnung gilt es, nicht nachzulassen und sich bewusst zu sein, dass auch der Beste immer etwas dazulernen kann.

Ein bekannter Unternehmensberater hat die Beziehung zum Kunden mit einer Liebesbeziehung im privaten Bereich verglichen. Der Lieferant (der Mann) wirbt um die Gunst eines Kunden (einer Frau). Dabei übertreibt er ein wenig und rückt sich ins beste Licht. Die Beziehung kommt zustande, und in der ersten Euphorie kann der Lieferant die Erwartungen des Kunden dank großem Einsatz erfüllen. Mit der Zeit werden die Kundenkontakte spärlicher, die Qualität des Lieferanten lässt nach und die Beziehung kriselt. Wie in einer privaten Beziehung müssen die Partner etwas dafür tun, dass sich keine Langeweile einstellt: Kundenmeetings, überraschende Angebote oder Preisermäßigungen. Der Lieferant muss signalisieren, dass ihm an der Beziehung zum Kunden etwas liegt.

Die Spitzenleistung im Qualitätsmanagement liegt in der Fähigkeit, sich nie mit dem Erreichten zufriedenzugeben, nie nachzulassen und unermüdlich nach Verbesserungen zum Wohle der Kunden und damit auch des eigenen Unternehmens zu suchen.

6.11 _____ Was macht den guten Qualitätsmanager aus?

Der Qualitätsmanager als treibende Kraft im Change-Prozess

Die Rolle des Qualitätsmanagers ist vielfältig und erfordert Kenntnisse und Kompetenzen auf den verschiedensten Gebieten. Aufbau und Weiterentwicklung von Qualitätsmanagementsystemen setzen Know-how im Prozessmanagement voraus. Weiter müssen die bestehenden Normen und die juristischen Fallstricke im Umfeld des Qualitätsmanagements bekannt sein. Im Gegensatz zu den Hard Skills haben sich auf Seite der Soft Skills die Anforderungen in den letzten Jahren stärker verändert: Der Qualitätsmanager nimmt zunehmend die Rolle eines Change-Managers ein. Er informiert das Personal über Änderungen im Qualitätsmanagementsystem und überzeugt die Mitarbeitenden von der Notwendigkeit einer neuen Lösung. Er soll beim Personal die Begeisterung für Methoden wie ▷ KVP oder ▷ Kaizen wecken und ständig zum Mitdenken motivieren.

Der Qualitätsmanager ist die treibende Kraft bei der Einführung und stetigen Weiterentwicklung eines Qualitätsmanagementsystems. Seine Aufgabe führt er erfolgreich durch, wenn seine innere Motivation darin besteht, die Prozesse eines Unternehmens zu optimieren, um dessen Erfolg sicherzustellen. Wird ein Qualitätsmanagementsystem nur deshalb eingeführt, weil es das Umfeld verlangt, dann ist der Misserfolg vorgezeichnet.

Ein erfolgreicher Qualitätsmanager sichert sich rechtzeitig die Unterstützung des Managements und zeigt auf, wie dank der Einführung eines ganzheitlichen Qualitätsmanagements Leistungsverbesserungen erzielt werden können. Eine enge Zusammenarbeit mit anderen Unternehmen hilft bei der Suche nach guten Argumenten.

Der Qualitätsmanager baut Hürden ab

Oftmals empfindet das Management das Qualitätsmanagement als bürokratisch, sieht vor allem den Aufwand und schenkt dem Nutzen zu wenig Beachtung. Auch die Belegschaft empfindet die Bestrebungen vielfach als unnötig («Bisher hat es auch ohne Qualitätsmanagement geklappt …»). Der Qualitätsmanager ist in solchen Situationen gefordert. Seine Aufgabe besteht darin, die Hürden, die im Weg stehen, abzubauen. Während das Management vor allem mit Kennzahlen oder mit einer fundierten ▷ Aufwand-Nutzen-Matrix überzeugt werden kann, müssen die Mitarbeitenden mit konkreten Beispielen überzeugt werden. Ein gelungenes Pilotprojekt kann zum Beispiel sehr überzeugend wirken. Der Qualitätsmanager ist ein Verkäufer in Sachen Qualitätsmanagement und arbeitet permanent an dessen Image.

Während die Produktqualität in vielen Unternehmen ein gutes Niveau erreicht und die Bemühungen zur Qualitätssicherung als selbstverständlich erscheinen, besteht im Bereich Serviceleistung oftmals Nachholbedarf. Der Qualitätsmanager setzt sich in solchen Situationen unermüdlich für die Verbesserung der Servicequalität und für die Verankerung der Kundenorientierung in der Unternehmenskultur ein.

Die Tools und die Informatikprogramme (▷ CAQ), welche im Rahmen eines Qualitätsmanagementsystems eingesetzt werden, können den Aufwand für administrative Tätigkeiten im Qualitätsmanagement massiv senken. Die Denkarbeit – welches sind die richtigen Kennzahlen, welche Datengrundlagen werden zur Herleitung der Kennzahlen verwendet – muss aber weiterhin durchgeführt werden und gehört zu den Kernkompetenzen eines Qualitätsmanagers.

Standardisierte und transparente Kommunikation

Der Qualitätsmanager sorgt für eine adressatengerechte Information. Die Anzahl der Reports muss unbedingt übersichtlich gehalten werden. Zu diesem Zweck identifiziert der Qualitätsmanager zu jedem Bericht den Empfängerkreis und bereitet die Informationen entsprechend der Zielgruppe auf.

So interessiert sich ein Geschäftsführer eines Transportunternehmens für die Auslastung seiner Fahrzeuge und für die Maßnahmen, die bei einer ungenügenden Auslastung zu treffen sind. Der für den Fahrzeugeinsatz zuständige Manager möchte hingegen wissen, wie sich die Auslastung in Bezug auf die einzelnen Fahrzeugtypen oder sogar bis hinunter auf das jeweilige Fahrzeug präsentiert.

Ein Qualitätsbericht, der die wichtigsten Kennzahlen enthält, ist unerlässlich. Eine mögliche Strukturierung kann über die Themen Produkt/Dienstleistung, Prozess und Kunden erfolgen, wobei der Frage «Wie werden wir von den Kunden wahrgenommen?» großes Gewicht beigemessen werden sollte (z.B. über Auswertung von Kundenbefragungen und Reklamationen). Daneben sollten Informationen zu den durchgeführten und geplanten Audits erhältlich sein. Insbesondere interessieren die Resultate aus den durchgeführten Audits und die eingeleiteten Maßnahmen. Eine Übersicht über den aktuellen Zustand des Qualitätsmanagementsystems erfolgt über das Instrument Management-Review: eine Bewertung der Eignung, Angemessenheit und Wirksamkeit des Qualitätsmanagementsystems (Normanforderung ISO 9001) durch das Management. Der Qualitätsmanager stellt dabei die Informationen, die als Grundlagen für die Bewertung dienen, zur Verfügung (Auditergebnisse, Rückmeldungen von Kunden, Prozessleistung, Produktkonformität, eingeleitete und durchgeführte Korrekturmaßnahmen und Optimierungsempfehlungen).

Nicht nur die Anzahl der Berichte beeinflusst deren Beachtung, sondern auch die Darstellung. Der Qualitätsmanager sorgt für eine verständliche Visualisierung und für klare Aussagen. In guten Berichten werden die Zusammenhänge zwischen den einzelnen Kennzahlen oder den Schaubildern aufgezeigt und erläutert. Der Qualitätsmanager hat ein großes Interesse, dass die Reports gelesen werden. Aus diesem Grund vermeidet er häufige strukturelle Anpassungen. Der Leser muss das Berichtsformat kennen und soll in der Lage sein, die ihn interessierenden Informationen zu finden, ohne lange suchen zu müssen. Muss zu lange geblättert oder zu oft geklickt werden, schwindet die Neugier schnell und der Bericht bleibt unbeachtet. Mit der Formulierung von Kernbotschaften, die sich auf die wesentlichen Erkenntnisse stützen, sorgt der Qualitätsmanager für Klarheit und nimmt Spekulationen den Wind aus den Segeln.

Ein guter Qualitätsmanager setzt Systeme und Methoden für die Planung, Überwachung und Auswertung der Produkt-, Dienstleistungs- und Prozessqualität ein. Das Qualitätsmanagementsystem liefert Daten und Fakten. Wie damit umgegangen wird, liegt in der Verantwortung des Unternehmens und seiner Mitarbeitenden. Der Qualitätsmanager kann durch sein Verhalten und dank seinen Systemkenntnissen und Fachkompetenzen Fehlinterpretationen und -entscheidungen verhindern und ist somit eine Schlüsselperson für den Unternehmenserfolg.

6.12 —— Wie wird die Qualität auf Dauer sichergestellt?

Verbesserungskultur

Maßnahmen und Kampagnen zur Erhöhung der Qualität haben oftmals nur kurzfristige Wirkung. Bereits nach einigen Monaten ist der Enthusiasmus bei den Betroffenen verflogen und die alten Probleme stellen sich wieder ein. Damit dies nicht geschieht, muss die Qualitätskultur eines Unternehmens nachhaltig verändert werden. Die Qualitätskultur muss in den Köpfen und Herzen sämtlicher Mitarbeitenden bewusst oder unbewusst verankert sein und sich aus einem gewissen Selbstverständnis heraus ergeben. Diese Kultur wird insbesondere durch Führungskräfte beeinflusst, welche durch ihr Verhalten das Unternehmen prägen und für ihre Mitarbeitenden ein Vorbild sind. Eine gute Produktqualität wirkt sich direkt auf die Kundenzufriedenheit und schließlich auf die Personalzufriedenheit aus (siehe Abbildung 6).

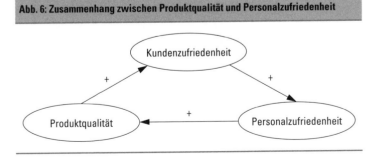

Abb. 6: Zusammenhang zwischen Produktqualität und Personalzufriedenheit

Das Entstehen einer Verbesserungsmentalität wird am ehesten mit der Einführung eines Qualitätsmanagementsystems erreicht. Ein funktionierendes Qualitätsmanagementsystem arbeitet mit Instrumenten, mit denen die kontinuierliche und permanente Verbesserung verfolgt wird. Die beiden bekanntesten Methoden in diesem Bereich sind ▷ KVP und ▷ Kaizen, mit beiden Ansätzen werden größtenteils dieselben Ziele erreicht. Trotzdem weisen sie technische und kulturelle Unterschiede auf.

Der KVP

Der kontinuierliche Verbesserungsprozess (▷ KVP) ist seit Jahren im Einsatz. Doch ein einheitliches Verständnis über den KVP existiert immer noch nicht. Die einen sehen im KVP eine ausgereiftere Version des Ideenmanagements, andere verstehen darunter die ▷ Prozessoptimierung mit methodischen Instrumenten und wiederum andere verstehen unter KVP die Philosophie, immer besser werden zu wollen. In der Tat hat der KVP technische und kulturelle Aspekte, und beide haben ihre Berechtigung. Leider kommt es vor, dass innerhalb eines Unternehmens unterschiedliche Ansichten über das Wesen und die Ziele des KVP bestehen. Das Management geht von einer Verbesserungskultur im Kader aus und optimiert die strategischen Prozesse. In der Produktionsabteilung werden hingegen bereits Nägel mit Köpfen gemacht. Die Mitarbeitenden füllen Verbesserungskarten aus und senden diese an eine zentrale Stelle, die sich jedes einzelnen Vorschlags annimmt, diesen bewertet und – wenn sinnvoll – umsetzt. Der Ideengeber wird, wenn immer möglich, in den Umsetzungsprozess miteinbezogen. Alle Ideengeber erhalten von der zentralen Stelle ein Dankeschön und ein Feedback, auch wenn die Idee schließlich nicht umgesetzt wird.

Wie erwähnt haben alle Ansätze, die zu einer Verbesserung der Prozesse und somit der Qualität führen, ihre Berechtigung. Ein Qualitätsmanagementsystem kann durchaus einen KVP enthalten, der über technische Aspekte direkt durch die Systemverantwortlichen geführt wird, der aber vor allem auch von den praktischen Ideen der operativ tätigen Mitarbeitenden lebt.

Kaizen

▷ Kaizen ist japanisch und bedeutet *die Veränderung zum Besseren.* Gleichzeitig ist Kaizen eine Lebens- und Arbeitsphilosophie, bei der das Streben nach ständiger Verbesserung im Vordergrund steht.

Kaizen strebt nicht die sprunghafte, sondern – wie der KVP – die ständige Verbesserung an: in kleinen – dafür kontrollierbaren – Schritten immer besser werden. Oder anders gesagt: Nicht die Innovation, sondern die Optimierung wird gesucht. Mitarbeitende, die nach diesem Optimierungsgrundsatz arbeiten, suchen permanent nach Optimierungsmöglichkeiten und leben somit die angestrebte Verbesserungskultur.

Mit Kaizen soll nicht nur der Unternehmenserfolg verbessert werden, sondern vor allem auch die Kundenzufriedenheit. Dabei stehen drei Faktoren im Fokus:

- Kostensenkung,
- Qualitätssicherung,
- Effizienz.

Prämierung von Verbesserungsvorschlägen

Eine Frage, die immer wieder auftaucht, ist diejenige nach der Prämierung von Verbesserungsideen. Dutzende von Experten haben schon Prämierungssysteme entwickelt, die eine gerechte und faire Verteilung von Erfolgsprämien garantieren sollen. Das mag in kleineren Betrieben funktionieren. In großen Unternehmen scheitern diese Systeme regelmäßig und in den kleinen bräuchte man sie nicht. Natürlich sollen die Ideengeber belohnt werden. Doch soll sich diese Belohnung nicht aus einer Tabelle ableiten lassen. Die Belohnung liegt im Ermessen des Vorgesetzten, deren Festsetzung liegt in seiner Führungskompetenz. Die Auszahlung von Barbeträgen sollte vermieden werden, denn sie verführt dazu, den Fokus «Verbesserung» zu verlieren. Die Optimierung sollte aus einem Interesse an der Sache und nicht aus finanziellen Gründen erfolgen. Warum nicht einen Kinogutschein oder einen Gutschein für ein Essen für zwei Personen schenken? Steht ein Team hinter einer Verbesserungsidee, kann die ganze Truppe zu einem Kegelabend eingeladen werden. Und … es müssen nicht immer materielle Werte sein. Ein aufrichtig gemeintes Lob wirkt manchmal ebenso motivierend.

Sicherung und Förderung der Qualität durch das Management

Die Fokussierung aller Tätigkeiten und Entscheidungen auf den Kunden und damit das Leben einer ausgeprägten Qualitätskultur ist nur möglich, wenn sich das Management ebenfalls auf die Kundenanforderungen konzentriert und über die Grenzen des eigenen Aufgabenbereichs hinausschaut. Eine kritische Einstellung gegenüber den eigenen Prozessen ist ebenfalls unabdingbar. Die Effizienz eines Qualitätsmanagements hängt vor allem auch davon ab, inwieweit das Management die getroffenen Maßnahmen zur Qualitätsbestimmung, -verbesserung und -sicherung den Mitarbeitenden nachvollziehbar zu erklären vermag. Die größte Herausforderung besteht darin, die Motivation der gesamten Belegschaft auf einem hohen Niveau zu halten, die zweifellos eintretenden Zwischentiefs zu überstehen und permanent in Richtung Verbesserungskultur zu streben.

6.13 _____ Welches sind die Vorteile eines Integrierten Managementsystems (IMS)?

Meistens werden die Bereiche Qualität, Umwelt und Arbeitsschutz/ Sicherheit in einem übergreifenden Managementsystem zusammengeführt. Damit lassen sich gerade in kleinen und mittleren Unternehmen die Ressourcen rationell bündeln, und die Wertschöpfung des Unternehmens kann dadurch erhöht werden. Vorausgesetzt werden zufriedene Kunden und motivierte Mitarbeitende. Auch der Faktor Umweltschutz bildet einen wichtigen Faktor für den Erfolg des Unternehmens: Künftig werden selbst qualitativ gute Produkte schwer zu vermarkten sein, wenn sie aus wenig umweltverträglichen Fertigungsprozessen stammen und mit Risiken für die Umwelt verbunden sind.

Qualitätsmanagementsysteme sind häufig organisch gewachsen: dort ein Reporting, hier eine ▷ Balanced Scorecard und da ein Auditplan. Mittels Prozessen wurden diese isolierten Tätigkeiten und Instrumente untereinander verbunden und mögliche Abhängigkeiten oder Beeinflussungen aufgedeckt. Trotzdem bleiben Qualitätsmanagementsysteme, die so entstanden sind, Insellösungen. Die Abhängigkeiten werden dabei meistens aus verschiedenen Blickrichtungen beschrieben, und redundante Aussagen werden geduldet, selbst wenn sie widersprüchlich sind. Mehr noch: Werden widersprüchliche Aussagen entdeckt, versucht man, diese argumentativ zu erklären.

Integrierte Systeme erfordern die Bereitschaft, sich von den bestehenden Lösungen – zumindest teilweise – abzuwenden. Dies ist oftmals schwierig, weil die Entwickler des alten Systems mit dieser Handlung die Unzulänglichkeit der bisherigen Lösung offenlegen. Der Schritt zu einem integrierten Qualitätsmanagementsystem ist also nicht nur eine technische, sondern zuweilen auch eine kulturelle Herausforderung.

Steht das integrierte Managementsystem, kann eine spürbare Reduktion von Aufwand und Komplexität erwartet werden: klare Verantwortlichkeiten und Schnittstellen, ein gemeinsames Dokumentationsmanagement oder gemeinsam durchgeführte und ausgewertete interne Audits.

Die Anforderungen aller Managementsysteme umfassen Aspekte wie

- die Festlegung einer Unternehmenspolitik und eines Leitbilds,
- die Umsetzung der Kundenwünsche,
- der Einbezug aller Mitarbeitenden,
- die Darlegung des Managementsystems,
- die Dokumentation von Verantwortung und Zuständigkeiten im Unternehmen,
- die Auditierung der Managementsysteme.

Die Integration des Qualitäts-, Umwelt- und Arbeitsschutzmanagementsystems zu einer Einheit beseitigt die Nachteile paralleler Managementsysteme und bietet die Chance zur Verwirklichung einer schlanken Organisation mit Blick auf Synergien, Kosten und Aufwand. Die vorgängig aufgeführten Aspekte können in einem Integrierten Managementsystem gebündelt werden. Ein umfassendes System erleichtert die Bewertung der Leistung durch die Geschäftsleitung und bildet die Grundlage für die Einführung des ▷ KVP (Kontinuierlicher Verbesserungsprozess).

Die Integration von verschiedenen Aspekten wie Qualität, Umwelt und Arbeitsschutz/Sicherheit kann aber auch Zielkonflikte bergen. Ziel des Integrierten Managementsystems ist, diese Konflikte sichtbar zu machen, sie in der Unternehmensführung zu lösen und dabei für klare Vorgaben zu sorgen.

Qualitätsmanagement von A bis Z

Begriff_____ 5 S ist ein Ansatz, um Ordnung und Sauberkeit, Arbeitssicherheit und verschwendungsarme Fertigungsprozesse zu ermöglichen. Die fünf S stehen dabei für die japanischen Begriffe «Seiri», «Seiton», «Seiso», «Seiketsu» und «Shitsuke». Manchmal wird für 5 S auch 5 A verwendet. In diesem Fall gelten die deutschen Begriffe: «Aussortieren», «Aufräumen», «Arbeitsplätze reinigen», «Allgemeine Standards erarbeiten» und «Alle Punkte einhalten und ständig verbessern». Auch 5 C, in diesem Fall für die englischen Begriffe, ist gängig. Schließlich verwenden manche Unternehmen auch einen 6-S-Ansatz. In diesem Fall steht das sechste S für «Shukan» (Gewöhnung). Ausgangspunkt der 5 S bildete das Bestreben nach Ordnung und Sauberkeit in der Produktion. Seit einigen Jahren wird der 5-S-Ansatz allerdings auch in den administrativen Bereichen genutzt.

Vorgehensweise_____ Der klassische Ansatz der 5 S besteht aus fünf Phasen:

- *Seiri (Aussortieren):* Hierbei geht es darum, alle nicht benötigten Teile, Werkzeuge oder Hilfsmittel von den Arbeitsplätzen zu entfernen. Entweder werden diese Instrumente weggeworfen oder an einem zentralen Punkt gesammelt. Hilfreich ist dabei ein kurzentschlossenes Handeln. Je länger gezögert wird, desto mehr Argumente sammeln sich, dass man dieses Teil doch noch irgendwann benötigen könnte. Aber Achtung, nicht Sie selbst sollen aufräumen, sondern die Mitarbeitenden! Anderenfalls droht Widerstand.
- *Seiton (Aufräumen):* Im zweiten Schritt werden die verbliebenen Teile geordnet. Es ist ein Ablagesystem zu entwickeln, sodass für jeden erkennbar ist, was sich wo in welcher Menge befinden soll, und ein optimaler Zugriff darauf möglich ist. Es empfiehlt sich dabei, Sets zu bilden und diese farblich zu markieren. Weiterhin fällt unter diesen Punkt die Kennzeichnung von Fahrwegen oder Stellflächen.
- *Seiso (Arbeitsplätze reinigen):* Bitte bezeichnen Sie diese Phase nicht als Putzen. Auch wenn vorerst das Reinigen im Vordergrund steht, geht es zugleich auch darum, eine Inspektion der Arbeitsplätze bzw. Maschinen vorzunehmen. Potenzielle Störquellen und Unregelmäßigkeiten können so entdeckt und sofort beseitigt werden.
- *Seiketsu (Allgemeine Standards erarbeiten):* Der nun erreichte Zustand ist in Standards festzuschreiben. Zugleich ist festzulegen, welche Aktivitäten für den Erhalt notwendig sind. Das reicht von Reinigungsplänen, regelmäßigem Wechsel der Ar-

Vor und nach einer 5-S-Aktion

beitskleidung bis zu je nach Produktionsauftrag zu wechselnden Werkzeugsätzen.

- *Shitsuke (Alle Punkte einhalten und ständig verbessern):* Die Definition von Standards allein genügt noch nicht. Es ist gleichzeitig dafür zu sorgen, dass diese auch eingehalten werden. Entsprechend haben die Führungskräfte die Aufgabe, permanent Ordnung und Sauberkeit zu kontrollieren und bei Mängeln zu intervenieren.

--- **Praxistipp**

5 S ist von seiner Methodik her nahezu trivial. Dennoch entstehen in den Unternehmen ungeheure Verluste durch Suchen von notwendigen Werkzeugen und Dokumenten, Materialien und Hilfsmitteln. Potenzielle Störquellen werden zu spät entdeckt, da Arbeitsplätze und Anlagen verschmutzt sind. Durch Verwechslungen entstehen Fehler und ungeplante Stillstände. Ganz abgesehen davon, dass es sich an saubereren Arbeitsplätzen besser arbeitet und klare Strukturen die Einarbeitung von neuen Mitarbeitern erheblich vereinfachen. So betrachtet, ist die Trivialität nur eine scheinbare, und durchdachte, gut umgesetzte 5-S-Aktivitäten eröffnen ein hohes Potenzial für verschwendungsarme Prozesse.

--- **Literatur und Links**

Fischer, Ulrich/Regber, Holger (2010): Produktionsprozesse optimieren: mit System!

Klesz, Jacqueline, et al. (2008): 5 S.

Takeda, Hitoshi (2002): Das Synchrone Produktionssystem.

Begriff ⎯⎯⎯ Die 5×-Warum-Fragetechnik (auch 5 W oder «5× why?» genannt) ist ein einfaches Verfahren, um an die tatsächlichen Ursachen eines Problems zu gelangen. Hierzu wird die zunächst gefundene Ursache mit den betroffenen bzw. beteiligten Mitarbeitern fünfmal mit «Warum?» hinterfragt. Ziel ist es, sich nicht mit einer vordergründigen, einfachen Antwort zufriedenzugeben, sondern die Problemursachen systematisch zu analysieren.

Vorgehen ⎯⎯⎯ Folgende Schritte werden zur Anwendung des «5 × Warum» empfohlen:

- Schritt 1: Stellen Sie eine Gruppe von betroffenen/beteiligten Mitarbeitern zusammen und formulieren Sie das aufgetretene Problem schriftlich.
- Schritt 2: Stellen Sie die erste «Warum?»-Frage, zum Beispiel: «Warum tritt das Problem auf?», und notieren Sie die Antwort.
- Schritt 3: Hinterfragen Sie die gegebene Antwort wiederum mit «Warum?».
- Schritt 4: Führen Sie das Hinterfragen insgesamt fünfmal durch. Danach sollten Sie zur Kernursache des Problems vorgedrungen sein und können mit der Lösung beginnen.

Eine ganze Produktcharge ist fehlerhaft produziert worden.
- *Schritt 1:* Mit den Maschinenbedienern wird das Problem schriftlich definiert. «Die gefertigten Teile der Charge X haben das falsche Maß.»
- *Schritt 2:* «Warum (1) haben die Teile das falsche Maß?» «Weil nicht nach dem aktuellen Produktdatenblatt gefertigt wurde!»
- *Schritt 3:* «Warum (2) wurde nicht nach dem aktuellen Produktdatenblatt gefertigt?»
- *Schritt 4:* «Weil das vorliegende Datenblatt nicht vom Änderungsdienst aktualisiert wurde!»
  - «Warum (3) wurde das Datenblatt nicht vom Änderungsdienst aktualisiert?» «Weil es nicht im Änderungsindex erfasst ist!»
  - «Warum (4) ist es nicht erfasst?» «Weil es nur eine Kopie ist, die sich der Maschinenbediener gemacht hat!»
  - «Warum (5) hat sich der Bediener eine Kopie gemacht?» «Weil er nicht jedes Mal in die Qualitätssicherung gehen wollte!»

Nun muss eingeschätzt werden, ob mit der letzten Antwort die Problemursache vollständig erfasst wurde. In unserem Beispiel scheinbar nicht. Dementsprechend ist weiter zu fragen:

«Warum (6) wollte der Mitarbeiter nicht jedes Mal in die Qualitätssicherung gehen?» «Weil sich die Qualitätssicherung auf der anderen Seite des Werkes befindet und der Weg dorthin sehr weit ist.» «Warum (7) befindet sich die Qualitätssicherung auf der anderen Seite des Werkes?» «Weil die Qualitätssicherung aus Kapazitätsgründen zentralisiert wurde und für alle Produktbereiche zuständig ist.»

Nun ist die Problemursache ausgiebig beschrieben und es kann überlegt werden, ob nicht eine Integration der Qualitätssicherung in die Prozesse die bessere Lösung für das Unternehmen wäre oder wie im anderen Fall die schnelle und unverzügliche Information über Änderungen sichergestellt werden kann.

Praxistipps

Da die Methode praktisch ohne Vorbereitung eingesetzt werden kann, ist sie sehr schnell durchführbar. Allerdings sollten die Beteiligten über die Methode und deren Einsatz informiert sein, da die mehrmalige Wiederholung der Frage «Warum?» anderenfalls irritierend wirkt. Die Methode deckt durch das Hinterfragen die Ursachen der Ursachen auf (sofern lineare Kausalketten vorliegen), d.h. die Gründe, warum jemand etwas falsch gemacht hat bzw. etwas falsch machen konnte, und gibt Hinweise darauf, wie die Entstehung des Fehlers durch Änderung des Verfahrens, der Bestandteile/ Zulieferung oder der Arbeitsorganisation vermieden werden könnte. Erst nach dem Einsatz der Methode sollte begonnen werden, nach Lösungen zu suchen.

Literatur und Links

Bicheno, John (2002): Die Excellenz-Box.

Fischer, Ulrich/Regber, Holger (2010): Produktionsprozesse optimieren: mit System!

8-D-Methode

Begriff _____ Die aus der Automobilbranche stammende 8-D-Methode besteht aus acht Disziplinen und ist ein systematisches Vorgehen zur Ermittlung von Ursachen einer Problemstellung und deren dauerhaften Behebung. Die einzelnen Schritte (Disziplinen) orientieren sich an den Six-Sigma-Phasen (DMAIC). 8 D kommt vor allem bei einfacheren Fragestellungen zum Einsatz. Die Projektlaufzeit ist dementsprechend kürzer und dauert maximal einen Monat. Wie ▷ Six Sigma konzentriert sich die 8-D-Methode auf die Ursachenermittlung und -behebung. Symptombekämpfung ist kein Thema. Hingegen werden für die gravierendsten Probleme Sofortmaßnahmen entwickelt. Die Ursachen mit den größten Auswirkungen werden eliminiert. Deshalb kann auch mit 8 D eine Hebelwirkung erzielt werden.

Phasen _____ Die 8-D-Methode wird in folgende Phasen (Disziplinen) unterteilt:

1. *Projektteam bilden:* Die Teammitglieder kennen das betroffene Fachgebiet und verfügen über genügend Produkt- und Prozesskenntnisse. Sie sind zur Mitarbeit bereit und verfügen über die nötigen Kompetenzen, um die Problemstellung auf ihre Ursachen zu prüfen sowie Verbesserungsmaßnahmen festzulegen und umzusetzen.

2. *Problemanalyse:* Die Problemstellung soll so detailliert wie möglich beschrieben und die Auswirkungen des Problems sollen quantifiziert werden. Als Hilfsmittel bieten sich Brainstorming (▷ Kreativitätstechniken), ▷ Fehlersammelliste und die Problembeschreibung gemäß SMART (spezifisch, messbar, attraktiv und herausfordernd, realistisch, terminiert) an. Tipp: Kundenfeedback einholen.

3. *Sofortmaßnahmen entwickeln:* Sofortmaßnahmen – auch Quick Wins genannt – dienen der Schadensbegrenzung. Die unmittelbaren Folgen des Problems sollen eingedämmt werden, bis eine dauerhafte Lösung gefunden wird. Die Wirksamkeit der Sofortmaßnahmen wird mittels Monitoring oder Reporting überwacht.

4. *Ursachenermittlung:* Die Suche nach Fehlerursachen kann mit den bekannten Instrumenten erfolgen, die auch im Six-Sigma-Toolset vorhanden sind (▷ Ursache-Wirkungs-Diagramm, Brainstorming, ▷ 5× Warum). Mittels Vergleichen, Tests und Experimenten wird versucht, auf die Basisursache zu schließen. Die folgenden Fragen helfen bei der Ursachenfindung:
   - Warum ist der Fehler aufgetreten?
   - Warum wurde der Fehler nicht früher entdeckt?
   - Warum konnte der Fehler nicht verhindert werden?

5. *Korrekturmaßnahmen festlegen:* Es werden Maßnahmen entwickelt, die das wiederholte Auftreten des Fehlers verhindern. Die entwickelten Maßnahmen werden mittels Versuchen oder Fallstudien untersucht und bewertet. Als Instrument bietet sich die ▷ Aufwand-Nutzen-Matrix an. Die Maßnahmen sollen vermeiden, dass künftig erneut Fehler auftreten. Maßnahmen, die nur die schnelle Entdeckung künftiger Fehler erleichtern, sind als suboptimal zu betrachten.

6. *Korrekturmaßnahmen umsetzen:* Nach erfolgreicher Einführung der Korrekturmaßnahmen sollten die früher getroffenen Sofortmaßnahmen wieder aufgehoben werden können. Hilfsmittel: Maßnahmenplan, To-do-Listen.

7. *Fehlerwiederholung verhindern:* Mit Präventivmaßnahmen wird verhindert, dass gleiche oder ähnliche Fehler nochmals auftreten. Die Wirksamkeit der getroffenen Maßnahmen wird über einen im Voraus festgelegten Zeitraum überwacht. Hilfsmittel: Reaktionsplan (mögliche Fehler und geplante Reaktion).

8. *Würdigung der Teamleistung:* Im Rahmen eines Erfahrungsaustausches wird die gemeinsame Leistung gewürdigt. Der Projektabschluss wird bewusst mit einem gemeinsamen Anlass gefeiert.

Literatur und Links

Knecht, Andreas/Bertschi, Markus (2013): Six Sigma.

Rambaud, Laurie (2006): 8 D Structured Problem Solving.

Akkreditierung —— Der Begriff Akkreditierung stammt aus dem Lateinischen (accredere: Glauben schenken) und wird in verschiedenen Bereichen benutzt. Die Akkreditierung ist in unserem Zusammenhang der Nachweis, dass Organisationen, die Zertifizierungen Dritter durchführen wollen, die organisatorischen, fachlichen und personellen Voraussetzungen hierfür erfüllen.

Die Akkreditierung erfolgt in Deutschland durch die TGA (Trägergemeinschaft für Akkreditierungen). Die Trägergemeinschaft für Akkreditierungen ist privatrechtlich organisiert und ist die Akkreditierungsstelle für Zertifizierer von Qualitätsmanagementsystemen.

Die Akkreditierung von Zertifizierungsstellen ist geregelt in DIN EN 45010 «Allgemeine Anforderungen an die Begutachtung und Akkreditierung von Zertifizierungsstellen».

In der Schweiz ist die SAS (Schweizerische Akkreditierungsstelle) für Akkreditierungen zuständig. Die SAS ist Teil des Staatssekretariats für Wirtschaft (SECO). Der Leiter der SAS erteilt eine Akkreditierung erst nach gründlicher Begutachtung und nach erfolgter Stellungnahme durch die Eidgenössische Akkreditierungskommission (AKKO), die durch den Bundesrat eingesetzt wird. Auf der Homepage der SAS finden sich alle akkreditierten Zertifizierer. Die allgemeinen Anforderungen für die Akkreditierung von Stellen sind in Normen (▷ Qualitätsmanagementnormen) der Serien EN 45000 und ISO/IEC 17000 festgelegt.

Die österreichische Akkreditierungsstelle ist gemäß Akkreditierungsgesetz (AkkG) das Bundesministerium für Wirtschaft, Familie und Jugend. Mit der Akkreditierung werden Prüf- und Inspektionsberichte und Zertifizierungen österreichischer Stellen innerhalb der EU mit ausländischen gleichgestellt.

Zertifizierung —— Der Begriff Zertifizierung stammt aus dem Lateinischen (certe: bestimmt, gewiss, sicher; facere: machen, schaffen, verfertigen). Man versteht darunter die Prüfung eines Systems auf Übereinstimmung (Konformität) mit einer Norm und die stichprobenartige Überprüfung der Ausführung der getroffenen Regelungen in der betrieblichen Umsetzung durch den Auditor einer akkreditierten Zertifizierungsstelle. Tendenziell können Auditoren nur bestätigen, ob ein Unternehmen die Norm (minimal) erfüllt. Daher beginnt die Wirkung der Zertifizierung erst nach erstmaligem Erhalt des Zertifikats. Im jährlichen Nachaudit haben dann die

Auditoren die Möglichkeit, zu prüfen, wie ernsthaft das System tatsächlich gelebt wird.

Im Gegensatz zur Akkreditierung besteht die Zertifizierung im Allgemeinen in der Ausstellung eines Zeugnisses bzw. Zertifikats. Durch das erlangte Zertifikat bestätigt die Organisation die Einhaltung der Normenvorgaben gegenüber Kunden, der Öffentlichkeit und den Mitarbeitenden. Zertifikate werden oft zeitlich befristet vergeben und hinsichtlich der Standards von einer unabhängigen Stelle kontrolliert.

Der Stellenwert von Zertifikaten hat in den letzten Jahren massiv zugenommen.

Der Nachweis eines Zertifikates nach ISO 9001 oder ISO 14001 wird immer mehr Bedingung für ein Kunden-Lieferanten-Verhältnis in der internationalen Wirtschaft. Der Lieferant erlangt dadurch einen Vertrauensvorschuss in die Qualitätsfähigkeit (ISO 9001) und die Umweltleistung/Rechtskonformität (ISO 14001) seiner internen Abläufe.

Die Motivation von Unternehmen, ihr Qualitätsmanagementsystem zertifizieren zu lassen, ist unterschiedlich. An erster Stelle steht wahrscheinlich die Absicht, die Kundenzufriedenheit zu verbessern und sich so gleichzeitig einen Vorteil gegenüber der Konkurrenz zu verschaffen. Es kann durchaus vorkommen, dass Kunden den Druck auf die Lieferanten derart erhöhen, dass kein Weg an der Zertifizierung vorbeiführt. Auch die Internationalisierung der Märkte übt einen zunehmenden Druck auf die Unternehmen aus.

_____ **Praxistipp**

Eine Zertifizierung zwingt die Unternehmen, ihre Prozesse transparent zu gestalten und kontinuierlich zu verbessern. Nicht zuletzt kann sich die erfolgreiche Erlangung eines Zertifikats positiv auf die Mitarbeitermotivation auswirken.

_____ **Literatur und Links**

Gembrys, Sven/Herrmann, Joachim (2008): Qualitätsmanagement.

Begriff ⎯⎯ Mit der Aufwand-Nutzen-Matrix können verschiedene Lösungsvorschläge oder -maßnahmen miteinander hinsichtlich ihrer Effektivität verglichen werden. Die einfache graphische Darstellung ermöglicht einen schnellen Überblick.

Vorgehen ⎯⎯ Die Hauptaufgabe bei der Erstellung der Matrix liegt vor allem in der Ermittlung von Aufwand und Nutzen. In der Regel sind diese Zahlen bereits vorhanden. Bei einfacheren Fragestellungen können Aufwand und Nutzen durch das Projektteam geschätzt werden.

1. Ermitteln Sie den Aufwand für die einzelnen Lösungen.
2. Ermitteln Sie den (monetären oder sonstigen) Nutzen.
3. Tragen Sie das Resultat in das Diagramm ein.

Aufwand-Nutzen-Matrix am Beispiel von Türschließungsproblemen im Bahnverkehr

1. Auswertung der Störungsmeldungen
2. Beheben Türstörungen zwischen Unterhaltsintervallen
3. Neue Aufkleber für defekte Türen
4. Schließen der Türen bei Abstellen in Außenanlagen
5. Korrektur der Software
6. Austausch Schließvorrichtung
7. Schulung der Zugbegleiter
8. Kauf neuer Wagen

Die Aufwand-Nutzen-Matrix wird in vier Quadranten unterteilt. Lösungen mit hohem Nutzen, die keinen großen Aufwand generieren, sollen schnell umgesetzt werden. Sehr günstige Lösungen, die einen spürbaren, aber nicht markanten Nutzen ergeben, können in besonders dringlichen Fällen als Quick Hits umgesetzt werden. Lösungen, die – vor allem – langfristig einen hohen Nutzen bringen, aber zugleich großen Aufwand verursachen, sind oftmals strategische Ansätze, die auch unter diesem Aspekt – vom Management – weiterbehandelt werden sollen.

Verursacht eine Maschine sehr viele Produktionsausfälle, kann als Quick Hit eine Einschränkung der Betriebsdauer oder eine dauernde Überwachung durch einen Mechaniker in Frage kommen. Die ideale Lösung liegt wohl eher bei der Durchführung der richtigen Reparaturarbeiten.

Der Ersatz der Maschine durch eine modernere Variante oder die Auslagerung eines Teiles der Produktion hat dann eher strategischen Charakter.

_____ **Praxistipp**

Benutzen Sie die Aufwand-Nutzen-Matrix zur Gewinnung eines ersten groben Überblicks. Im Anschluss können die detaillierten Untersuchungen auf einer transparenten Basis durchgeführt werden.

_____ **Literatur und Links**

Roenpage, Olin, et al. (2007): Six Sigma + lean Toolset.

Balanced Scorecard (BSC)

Begriff _____ Die Balanced Scorecard (BSC) ist ein effektives und universelles Instrument, das dem Management hilft, alle Aktionen (Handlungen, Maßnahmen) eines Unternehmens konsequent auf ein gemeinsames Ziel auszurichten. Die Kernidee dieses modernen Kennziffernsystems besteht darin, dass der Erfolg nur aus der Balance von grundsätzlich vier Perspektiven zustande kommt: «Kunden», «Mitarbeitende», «interne Prozesse» und «Finanzen» sind die wesentlichen Handlungsfelder der klassischen BSC.

Formen _____ Inzwischen gibt es in der Praxis eine große Vielfalt von Erscheinungsformen der Balanced Scorecard. Bei der praktischen Anwendung wird das Modell häufig modifiziert, sodass mit drei oder fünf Perspektiven gearbeitet wird. Wichtig ist immer die unternehmensspezifische Diskussion und Anpassung.

Ziel _____ Die Idee einer Balanced Scorecard wurde von Robert Kaplan und David Norton Anfang der 1990er Jahre entwickelt. «Transform strategy into action» war ihre Devise. Die BSC sollte ursprünglich zur Unterstützung der Umsetzung von operativen Strategien entwickelt werden. Dazu musste ein Kommunikationsinstrument bereitgestellt werden, das eine Zielüberprüfung in allen Bereichen gewährleistet. Der Ansatz ist vor allem Folge der kritischen Einschätzung, dass die herkömmliche Leistungsmessung und -bewertung in den Unternehmen zu einseitig und unübersichtlich sei.

Einseitig erscheinen viele Messsysteme, weil vorwiegend auf die finanziellen Leistungen (Umsatz, Gewinn etc.) geschaut wird. Diese Größen sagen nur, ob ein Unternehmen in der Vergangenheit erfolgreich war oder nicht. Sie sagen noch nichts darüber aus, was den Erfolg ermöglicht hat (z.B. enge Kundenbeziehungen, das Engagement und die Qualifikation der Mitarbeitenden, der effiziente Ablauf interner Geschäftsprozesse). Kaplan/Norton plädieren daher für unterschiedliche Sichtweisen auf ein Unternehmen. Folgende vier Perspektiven stellen sie dabei in den Mittelpunkt:

- *Finanzperspektive:* Im Vordergrund stehen hier die finanziellen Kennzahlen, wie Cash Flow, Deckungsbeitrag etc.
- *Kundenperspektive:* Hier geht es um das Angebot, mit dem das Unternehmen auf dem Markt präsent ist.
- *Perspektive der internen Geschäftsprozesse:* Hier findet sich die Qualität der Wertschöpfungskette der Organisation wieder.
- *Lern- und Entwicklungsperspektive:* Im Blickfeld stehen hier immaterielle Werte (wie z.B. Mitarbeiterpotenziale).

Beispiel einer BSC eines Nahverkehrsunternehmens			
Perspektiven	**Strategisches Ziel**	**Messgröße/Kennzahl**	**Zielgröße**
Mitarbeiter/ Prozesse	Zufriedene Mitarbeiter	Mitarbeiterzufriedenheit aus Befragung	+5% im Vergleich zum Vorjahr
	Gute Qualifikation	Weiterbildungsangebote	mindestens 1 Woche pro Jahr
	Sicherung der Stammbelegschaft	Fluktuationsrate	maximal 4%
	Kreativität	Anzahl umgesetzte Verbesserungsvorschläge	mindestens 15 pro Jahr
Kunden	Hohe Kundenzufriedenheit	Zufriedenheitsindex aus Befragung	+10% im Vergleich zum Vorjahr
	Gute Mundpropaganda	Anzahl Presseerklärungen und Medienkontakte	+5% im Vergleich zum Vorjahr
Leistungsauftrag	stetiger Fahrgastzuwachs	Fahrgastzuwachs	+5% im Vergleich zum Vorjahr
	gutes Qualitätsniveau (Anforderungen aus dem Vertrag werden eingehalten)	Bonus-Malus-System	x% Bonus, x% Malus
Wirtschaftlichkeit, Finanzen	Erhöhung der Fahrgeldeinnahmen, Verbesserung der Wirtschaftlichkeit	Kostendeckungsgrad	+5% im Vergleich zum Vorjahr
	Sicherung der finanziellen Leistungsfähigkeit	Einnahmenentwicklung	+5% im Vergleich zum Vorjahr

_____ **Praxistipp**

Beschränken Sie sich auf die wichtigsten Kennzahlen. Eine Flut von Kennzahlen bewirkt, dass Wesentliches von Unwesentlichem nicht mehr unterschieden werden kann.

_____ **Literatur und Links**

Niven, Paul R. (2003): Balanced Scorecard – Schritt für Schritt.

Benchmarking

Begriff _____ Unter Benchmarking (engl. für mit einem Maßstab/Vorbild vergleichen) versteht man den Vergleich von zwei Systemen, mit dem Ziel, die eigenen Schwächen und Stärken zu erkennen und somit die Leistungsfähigkeit zu verbessern.

Formen _____ In erster Linie wird Benchmarking angewendet, um zwei Unternehmen miteinander zu vergleichen. Vermehrt werden auch Organisationen, Teilorganisationen, Prozesse und Tätigkeiten analysiert und verglichen. Im Zusammenhang mit Six-Sigma-Projekten werden oftmals innerhalb des Unternehmens Referenzwerte gesucht, um den Erfolg eines Vorhabens besser abschätzen zu können.

- *Internes Benchmarking:* Innerhalb eines Unternehmens werden Vergleichspartner herangezogen. Dies verursacht einen vergleichsweise geringen Aufwand, doch bleibt die Sicht auf das Unternehmen beschränkt.
- *Wettbewerbsorientiertes Benchmarking:* Direkte Wettbewerber des Unternehmens dienen als Vergleichspartner. Wegen eher schlechter Übertragbarkeit der Ergebnisse kann sich die Datensammlung aufwendig gestalten. Eine spezielle Form des wettbewerbsorientierten Benchmarkings stellt der Best-Practice-Check dar. Hier wird bewusst der Vergleich mit dem Klassenbesten (Best in Class) gesucht.
- *Funktionales Benchmarking:* Branchenunabhängig werden Vergleichspartner mit besonderen Fähigkeiten herangezogen. Dieses Vorgehen birgt das größte Potenzial für neuartige Lösungen. Die Analyse der Ergebnisse gestaltet sich aufwendig.

Ziel _____ Die Absicht des Benchmarkings liegt in der Verbesserung der eigenen Situation im Vergleich mit anderen. Mögliche Ziele:

- Aus dem Vergleich mit den Besten lernen.
- Die wirkungsvollste Methode herausfinden und übertragen.
- Die Spitzenposition übernehmen und halten.

Vorgehen _____ Folgende Schritte werden bei der Durchführung eines Benchmarkings vorgenommen:

- Bestimmen Sie das zu untersuchende Benchmarkingobjekt.
- Legen Sie den Vergleichspartner fest.
- Führen Sie die Datensammlung nach einheitlichen Kriterien durch.
- Ermitteln Sie Leistungslücken.
- Legen Sie die zukünftigen Standards fest.
- Planen Sie die Umsetzung und Implementierung.
- Überwachen Sie die Umsetzung.
- Führen Sie einen erneuten Vergleich durch.
- Implementieren Sie – zum Halten der Spitzenposition – einen dauerhaften Benchmarking-Prozess.

Eine Güterbahn erhebt und vergleicht die Kosten für die Zustellung der Wagen in die Anschlussgeleise der Kunden. Aufgrund der unterschiedlichen Verkehrsmengen und Produktionsmittel (Rangierfahrzeuge mit unterschiedlicher Leistungsfähigkeit) ergeben sich starke Differenzen bei den Wagenzustellkosten. Um die Leistungen der verschiedenen Rangierteams vergleichen zu können, müssen die Verkehrsmengen rechnerisch angeglichen werden und die Unterschiede aufgrund der verschiedenartigen Produktionsmittel bei der Analyse berücksichtigt werden.

_____ **Praxistipp**

Der Erfolg eines Benchmarkings ist in hohem Maße von den gewählten Referenzwerten abhängig. Die gewählten Vergleichsdaten müssen eine gute Qualität aufweisen und vergleichbar sein. Eine Vergleichbarkeit ist oftmals nicht gegeben und muss erst hergestellt werden. Dieser Schritt muss sehr sorgfältig durchgeführt werden.

_____ **Literatur und Links**

Karlöf, Bengt/Östblom, Svante (1994): Das Benchmarking-Konzept.

Siebert, Gunnar/Kempf, Stefan (2008): Benchmarking.

Begriff _____ Unter Computer-Aided Quality (CAQ) wird die computergestützte Qualitätssicherung verstanden. Die wichtigsten Aufgaben und Funktionen von CAQ-Systemen liegen in der Erfassung, Dokumentation und Auswertung von qualitätsrelevanten Daten. Die CAQ-Systeme greifen für die Datenauswertung auf umfassende statistische Methoden zurück, die Teil des Systems bilden. Aus funktionaler Sicht gehört CAQ zur computerintegrierten Produktion (CIM).

Einsatz _____ Der Einsatz von CAQ-Systemen erfolgt in erster Linie in der Fertigungsindustrie. Über die Messwerterfassung und -auswertung unterstützt CAQ die ▷ Prozessoptimierung und macht konkrete Angaben zur ▷ Prozessfähigkeit.

Implementierung _____ CAQ-Systeme müssen so dimensioniert und konfiguriert werden, dass sie in die bestehende Unternehmensstruktur und Informatiklandschaft integriert werden können. Konkret muss die Kompatibilität zu bereits vorhandenen Mess- und Prüfsystemen gewährleistet sein, und die Benutzung des Systems muss den bestehenden Arbeitsprozessen angepasst werden.

Die Qualität wird von den Kundenanforderungen bestimmt. Die CAQ-Module werden daher auf die Kundenbedürfnisse ausgerichtet (Customizing).

Die Anforderungen an ein Qualitätsmanagementsystem sind in den gängigen Normen (▷ Qualitätsmanagementnormen) wie ISO 9001:2000, ISO/TS 16949, QS 9000 oder VDA 6 festgehalten. Die Normenkonformität des CAQ ist unerlässlich und erleichtert die erfolgreiche Implementierung in ein bestehendes Qualitätsmanagementsystem.

Nach erfolgter Prozessoptimierung werden die Prozessoutputs während einer längeren Phase – oder permanent – überwacht. Dies kann manuell über sogenannte ▷ Qualitätsregelkarten oder automatisiert über CAQ erfolgen. Die Methode ist identisch: Es werden Schwellenwerte definiert. Sobald diese Werte überschritten werden, ist die Qualität des Prozesses ungenügend und mit Analysen wird nach Gründen für dieses Verhalten gesucht.

Funktionalität ——— Die CAQ-Module können grundsätzlich sämtliche Funktionen und Tätigkeiten der Qualitätsplanung, -sicherung und -verbesserung unterstützen.

——————————————————————————————— **Praxistipps**

- CAQ nimmt dem Qualitätsmanager die Denkarbeit nicht ab. Konzeptionelle Tätigkeiten wie die Strukturierung und Weiterentwicklung des Qualitätsmanagements sind eine Kernkompetenz, die vom System nicht übernommen werden kann. CAQ kann aber diverse arbeitsintensive Tätigkeiten, wie Datenauswertung oder Prozessüberwachung, erleichtern und massiv beschleunigen.
- Auf dem Markt tummeln sich viele verschiedene Anbieter von CAQ-Systemen. Die Produkte unterscheiden sich im Funktionsumfang, im Detaillierungsgrad, in der Benutzeroberfläche und im Preis. Überlegen Sie sich vor der Anschaffung eines Systems, wo und wie der Einsatz erfolgen soll und welche Anforderungen Sie an das System stellen (Pflichtenheft). Holen Sie nach Möglichkeit die Erfahrungen anderer Benutzer ein und erkundigen Sie sich beim Anbieter nach Referenzkunden.
- In komplexen Bereichen sollte CAQ schrittweise eingeführt werden. Die in den ersten Etappen der Implementierung gemachten Erfahrungen können so bei den weiteren Schritten genutzt werden. Das CAQ-System soll so gewählt werden, dass künftig geplante Funktionen des Qualitätsmanagementsystems ebenfalls über CAQ abgewickelt werden können.

——————————————————————————————— **Literatur und Links**

Höppner, Dominik (2003): Integration von PPS- und CAQ-Systemen.

Begriff⸺ Das EFQM-Modell der European Foundation for Quality Management ist eine aus neun Kriterien bestehende Grundstruktur, die zur Selbstbewertung des Qualitätsniveaus einer Organisation eingesetzt wird. Das Modell hilft die eigenen Stärken und Schwächen sowie das Weiterentwicklungspotenzial zu erkennen. Das Ziel besteht in der Erreichung der sogenannten Business Excellence. Der Begriff «Excellence» wird in diesem Zusammenhang als überragende Vorgehensweise beim Führen einer Organisation definiert.

Die Struktur ist als Metamodell zu verstehen. Sie umfasst verschiedene Teilsysteme. Hinter dem Modell steht die Überlegung, dass exzellente Ergebnisse in den Sparten Leistung, Kunden, Mitarbeitende und Gesellschaft nur dann erzielt werden können, wenn sich die Führung in den Bereichen Politik und Strategie, Mitarbeitende, Partnerschaften, Ressourcen und Prozesse auf einem hohen Niveau bewegt.

Anwendung⸺ Weltweit setzen immer mehr Unternehmen das EFQM-Modell zur eigenen Leistungsverbesserung ein. Die Anwendung des Modells fördert die Entwicklung einer einheitlichen Managementsprache. Dieser Effekt führt zur vermehrten Benutzung gleicher oder ähnlicher Werkzeuge, was den Austausch von Erfahrungen über die verschiedensten Branchen hinweg vereinfachen kann.

Der zentrale Ansatz beim EFQM-Modell liegt in der Selbstbewertung. Diese erfolgt systematisch und regelmäßig. Dabei werden die Aktivitäten und Ergebnisse einer Organisation oder eines Organisationsbereichs nach der EFQM-Struktur unter die Lupe genommen.

Ziel⸺ Mit dem Selbstbewertungsprozess steht dem Unternehmen ein Werkzeug zur Verfügung, welches die Stärken und Entwicklungspotenziale einer Organisation aufzeigt. Aus den entdeckten Schwachstellen und Lücken werden Verbesserungsmaßnahmen abgeleitet, die in der Folge kontinuierlich umgesetzt, überprüft und weiterentwickelt werden.

Das Modell⸺ In dem von der EFQM weiterentwickelten Modell 2010 für Excellence wird der ganzheitliche Qualitätsgedanke und der Ansatz der «guten Unternehmensführung» noch weiter perfektioniert.

In diesem Modell wird unterschieden zwischen

- Befähigern, wie Unternehmensführung, Mitarbeitende, Politik und Partnerschaften, und
- Unternehmensprozessen, die von den Befähigern gesteuert und beeinflusst werden.

Als Prozessoutput resultieren Ergebnisse, die mitarbeiter-, kunden- oder/und gesellschaftsbezogen sein können. Während dem gesamten Prozess stehen – in Bezug auf die Organisation – die Innovation und das Lernen im Vordergrund.

EFQM-Modell (vereinfachte Darstellung)

Befähiger → Ergebnisse →

Führung	Mitarbeiter	Prozesse	Mitarbeiter-bezogene Ergebnisse	Schlüssel-ergebnisse
	Politik und Strategie		Kunden-bezogene Ergebnisse	
	Partner-schaften und Ressourcen		Gesellschafts-bezogene Ergebnisse	

← Innovation und Lernen

Praxistipps

- Das EFQM-Modell bleibt ohne Wirkung, wenn lediglich die Prozesse nach dieser Struktur geordnet werden. Das konventionelle Denken in Aufbaustrukturen kann nur durchbrochen werden, wenn sich das Management intensiv mit dem Modell und seinen Funktionalitäten und Abhängigkeiten beschäftigt.
- Das EFQM-Modell ist ein geschlossenes System. Es kann dazu verleiten, nur die interne Performance zu betrachten und den Vergleich zu Konkurrenten zu vernachlässigen.

Literatur und Links

Brunner, Franz J./Wagner, Karl W./Durakbasa, Numan M. (2011): Taschenbuch Qualitätsmanagement.

Fehlersammelliste

Begriff _____ Mit Hilfe einer Fehlersammelliste können Fehler auf einfache Weise direkt am Entstehungsort festgestellt und erfasst werden. Fehlersammellisten sind einfach auszufüllen und liefern leicht verständliche Daten. Art und Anzahl der Fehler werden schnell verdeutlicht.

Anwendung _____ Die Fehlersammelliste wird meistens bei Routinearbeiten eingesetzt. Zu Beginn wird das Problemgebiet, über das man Genaueres in Erfahrung bringen möchte, eindeutig definiert. Die Fehlerarten bzw. Ereignisse, die untersucht werden sollen, werden genau bestimmt.

Bei der Untersuchung von Kaffeemaschinen in der Fertigung wird festgelegt, welche möglichen Fehler auftreten können: Kratzer, falsche Farbe, Montage- oder Beschriftungsfehler. Um die Anzahl von Fehlerarten zu begrenzen, aber trotzdem eine vollständige Erfassung zu ermöglichen, wird eine Kategorie «Sonstiges» aufgenommen.

Es wird festgelegt, wer wann die Fehler erfassen soll. Die Erfassung kann in unterschiedlichen Intervallen erfolgen. Sicherzustellen ist dabei nur, dass die betroffenen Mitarbeitenden eine Instruktion erhalten, wie die Fehler zu erkennen und zu erfassen sind. Werden die Daten über längere Zeit gesammelt, sollte gewährleistet sein, dass sie möglichst unter gleichen Arbeitsbedingungen aufgenommen werden. Wichtig ist, dass den Mitarbeitenden, die die Fehler dokumentieren, keine nachteiligen Folgen entstehen.

Wenn alle Vorbereitungen abgeschlossen sind, wird der eigentliche Erfassungsbogen erstellt. Er soll gut verständlich, vollständig und leicht verwendbar sein und Angaben darüber enthalten, von wem, wann, wo und wie die Fehler aufgenommen wurden.

Für die Auswertung von Fehlersammelkarten bietet sich die Pareto-Analyse (▷ Pareto-Diagramm) an. Die Fehlersammelliste bildet die Grundlage für das Erstellen einer Ausfallstatistik eines Produkts oder von einzelnen Komponenten.

Fehlersammelliste						
Projekt: Fertigung von Kaffeemaschinen	**Ort:** Werk 4					**Datum:** 9/5–13/5
Abteilung: C 2	**Kontrolleur:** Schäfer					**Schicht:** Nacht
Ereignis/Fehler:	**Datum**					**Gesamt**
	9/5	10/5	11/5	12/5	13/5	
Kratzer	IIII	JHf JHf	I	III	II	20
Montagefehler	IIII	–	JHf JHf	III	JHf II	24
Teil fehlt	I	I	–	IIII	–	6
Nicht die richtige Farbe	III	JHf JHf	JHf JHf I	–	JHf II	31
Sonstiges	II	–	–	II	I	5
Gesamt	14	21	22	12	17	**86**

Praxistipp

Mit dem erstellten Erhebungsbogen sollte – zwecks Eignungsprüfung – eine Piloterfassung durchgeführt werden. Je nach Resultat erfolgt danach eine Optimierung. Mit den ausgefüllten Erhebungsbögen können Sie bereits erste Schlüsse auf mögliche Ursachen ziehen.

Literatur und Links

Brunner, Franz J./Wagner, Karl W./Durakbasa, Numan M. (2011): Taschenbuch Qualitätsmanagement.

FMEA – Fehlermöglichkeits- und Einflussanalyse

Begriff _____ Die Fehlermöglichkeits- und Einflussanalyse (FMEA) dient zur Analyse bestehender Produkte (Identifizieren von Bauteilen, die zu einem Ausfall des Produkts führen können) oder Prozesse (Identifizieren von Prozessschritten, bei denen mit kundenrelevanten Fehlern, Sicherheitsrisiken oder Qualitätseinbußen zu rechnen ist).

Einsatz _____ Die FMEA wird häufig im Nachgang zu einer Wert- und Zeitanalyse durchgeführt, indem der in der Theorie optimierte Prozess auf mögliche Fehlerquellen untersucht wird:

- Zur Analyse möglicher menschlicher Fehler.
- Zur Früherkennung von systematischen Fehlern bei der Entwicklung von neuen Produkten oder neuen Prozessen.
- Für die Risikobetrachtung bei neuen Lösungen.
- Bei fehlender Erfahrung im Zusammenhang mit Neuentwicklungen.

Ziel _____ Wird die FMEA im Rahmen der Datenerfassung eingesetzt, liegt das Ziel bei der Erkennung von kritischen Eingangs- und Prozessvariablen. Beim Einsatz während der Lösungsentwicklung bestehen die Ziele in der Entdeckung und Vermeidung von möglichen Fehlern sowie in der Minimierung der Konsequenzen aus Fehlern.

Vorgehen _____ Bei der Erstellung einer FMEA wird folgendermaßen vorgegangen:

1. Legen Sie den Umfang der zu analysierenden Prozesse oder Produktgruppen fest.
2. Listen Sie die wichtigsten Merkmale und Funktionen dieser Prozesse und Produktgruppen auf.
3. Beschreiben Sie alle möglichen Fehler, die auftreten können.
4. Halten Sie die potenziellen Auswirkungen für jeden möglichen Fehler fest.
5. Bewerten Sie die Intensität der Auswirkung (Schadensausmaß) auf einer Skala von 1 bis 10, wobei der Wert 1 für «kaum wahrnehmbar» und der Wert 10 für «äußerst schwerwiegend» steht.
6. Definieren Sie die Ursachen des möglichen Fehlers.
7. Bewerten Sie die Auftretenswahrscheinlichkeit des möglichen Fehlers aufgrund von Erfahrungswerten aus der Vergangenheit (▷ Wahrscheinlichkeitsrechnung). Verwenden Sie eine Skala von 1 bis 10, wobei 1 = sehr gering und 10 = hoch.

FMEA für den Prozess Kundenbestellung			
Funktion	Bestellung Kunde		
Fehler	Post geht verloren		
Wirkung	Info nicht vorhanden	**Auswirkung**	7
Ursache	Fehlende Ausbildung Personal	**Häufigkeit**	8
Kontrolle	Keine Kontrolle	**Erkennbarkeit**	9
		RPZ	504

Als Sofortmaßnahme wurde das Personal geschult. Dadurch wurde die Fehlererkennbarkeit verbessert und die Fehlerhäufigkeit reduziert. Durch diese einfache Maßnahme konnte die Risikoprioritätszahl signifikant gesenkt werden.

Maßnahme	Schulung Personal	**Auswirkung**	7
		Häufigkeit	5
		Erkennbarkeit	3
		RPZ	105

8. Listen Sie die Kontrollmechanismen, die das Auftreten des möglichen Fehlers verhindern, auf.

9. Bewerten Sie die Erkennbarkeit der möglichen Fehlerursache (Skala von 1 bis 10; 1 = offensichtlich, 10 = unwahrscheinlich).

10. Ermitteln Sie die Risikoprioritätszahl (RPZ) durch Multiplikation der Kennziffern «Auswirkung», «Häufigkeit» und «Erkennbarkeit». Priorisieren Sie die Risiken. Die Prozessschritte mit einer hohen RPZ (> 120) oder mit einem Einzelwert von 10 müssen weiter untersucht werden.

11. Arbeiten Sie Verbesserungsmaßnahmen zur Reduzierung der RPZ aus und setzen Sie diese um.

12. Nehmen Sie eine erneute Bewertung – unter der Annahme, dass die festgelegten Maßnahmen umgesetzt werden – vor.

Praxistipp

Die FMEA kann sowohl für theoretische als auch für praktische Fragestellungen eingesetzt werden. Im Rahmen der Lösungsentwicklung lohnt sich der Einsatz der FMEA, um die einzelnen Lösungsvarianten auf übersehene Fehler zu prüfen.

Literatur und Links

Tietjen, Thorsten/Müller, Dieter H. (2003): FMEA-Praxis.

Gap-Modell

Begriff _____ Das Gap-Modell wird zur Ermittlung der Dienstleistungsqualität eingesetzt. Das von den amerikanischen Forschern Parasuraman, Zeithaml und Berry entwickelte Modell geht von fünf Dimensionen der Dienstleistungsqualität aus. Diese Dimensionen bilden die Grundlage des Gap-Modells, mit dessen Hilfe Lücken (Gaps) im Leistungsprozess und der Wahrnehmung beim Kunden ermittelt werden können. Die Qualitätsdimensionen sind – aus der Nachfragerperspektive betrachtet – für die verschiedenen Branchen von unterschiedlicher Bedeutung:

1. *Tangibles:* Das physische Umfeld umfasst die Räumlichkeiten, die Einrichtung und das äußere Erscheinungsbild des Personals.
2. *Reliability:* Die Fähigkeit der Mitarbeitenden, die versprochenen Leistungen zuverlässig auszuführen.
3. *Responsiveness:* Das Entgegenkommen und die Einsatzbereitschaft der Angestellten, den Kunden bei ihren Problemen zu helfen.
4. *Assurance:* Das Leistungsversprechen umfasst die Bereiche Kompetenz, Freundlichkeit, Respekt und Vertrauenswürdigkeit.
5. *Empathy:* Das Einfühlungsvermögen beinhaltet die Bereitschaft der Mitarbeitenden, jeden Kunden individuell zu umsorgen.

Anwendung _____ Die Ursachen für das Nichterreichen der erwarteten Dienstleistungsqualität können sehr unterschiedlich sein. Das Gap-Modell hilft bei der Erkennung von Schwachstellen. Es besteht aus den beiden Ebenen «Kunde» und «Dienstleister». Dabei werden die Interaktionsbeziehungen zwischen dem Unternehmen (Dienstleister) und den Kunden dargestellt und nach Konflikten untersucht. Unzulänglichkeiten oder Informationslücken können bei der Anwendung des Modells schnell und systematisch lokalisiert werden.

Das Modell _____ Am Anfang der Kette und auch gleichzeitig im Mittelpunkt steht der Kunde mit seinen individuellen Bedürfnissen. Er hat bestimmte Erwartungen an eine Dienstleistung.

Auf der anderen Seite steht das Management des Dienstleisters, das die Kundenerwartungen wahrnimmt und in Spezifikationen umwandelt. Daraus wird die Dienstleistung erstellt, die vom Kunden in einer bestimmten Art und Weise in Anspruch genommen wird.

Deckt sich die wahrgenommene mit der erwarteten Dienstleistung, ist der Kunde zufrieden. Entspricht aber die wahrgenommene Dienstleistung nicht oder nur teilweise den Vorstellungen der Kunden, entsteht an dieser Stelle ein Gap, eine Lücke.

Gap-Modell

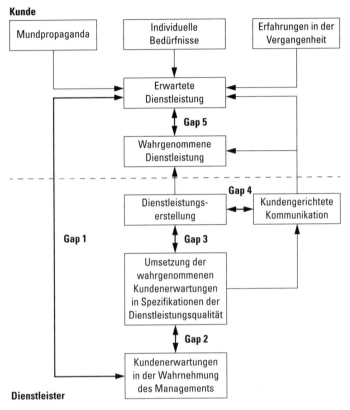

Gap 1: Diskrepanz zwischen den Kundenerwartungen und deren Wahrnehmung durch den Anbieter.

Gap 2: Diskrepanz zwischen der Wahrnehmung der Kundenerwartungen durch den Anbieter und der Spezifikation der Dienstleistung.

Gap 3: Diskrepanz zwischen der Spezifikation der Dienstleistungsqualität und der tatsächlich erstellten Leistung.

Gap 4: Diskrepanz zwischen der Erstellung der Dienstleistung und der an den Kunden gerichteten Kommunikation über die Dienstleistung.

Gap 5: Diskrepanz zwischen dem erwarteten und dem erlebten Service.

Literatur und Links

Bezold, Thomas (1996): Zur Messung der Dienstleistungsqualität.

Zeithaml, V. A./Parasuraman, A./Berry, L. L. (1992): Qualitätsservice.

Histogramm

Begriff——— Histogramme – auch Häufigkeits- oder Balkendiagramme genannt – sind in der Praxis weitverbreitete graphische Darstellungen von Messwerten. Die Verteilung dieser Messwerte/ Variablen (Streuung, Lage, Form) wird in den Histogrammen erkennbar. Damit können Gesetzmäßigkeiten leichter sichtbar gemacht werden.

In der Regel wird auf der horizontalen Achse das zu untersuchende Merkmal aufgetragen und auf der vertikalen die Häufigkeit, mit der es in der Praxis vorkommt. Hat das zu untersuchende Merkmal eine endliche Anzahl von Ausprägungen, dann ergeben sich automatisch die gleiche Anzahl von Balken, die umso höher sind, je häufiger die Ausprägung auftritt.

Ist das zu untersuchende Merkmal dagegen metrisch (= kontinuierlich), dann werden die Messwerte in Klassen eingeteilt, welche eine konstante oder variable Breite haben können. Es werden über den Klassen direkt aneinander angrenzende Rechtecke errichtet, deren Umfang die Klassenhäufigkeit darstellt. Die Höhe der Rechtecke stellt die Häufigkeitsdichte dar, also die Häufigkeit dividiert durch die Breite der entsprechenden Klasse.

Anwendung——— Man verwendet Histogramme sehr häufig im Qualitätsmanagement und/oder im Rahmen der beschreibenden Statistik. Sie werden insbesondere in zwei Fällen verwendet:

- Wenn vermutet wird, dass mehrere Faktoren einen Prozess beeinflussen. Das Histogramm hilft dabei, die zentralen Problemursachen eines Prozesses herauszufinden, indem sowohl die Art, als auch die Breite der Verteilung (Streuung) untersucht werden.
- Wenn man den tatsächlichen Verlauf der Häufigkeitsverteilung sehen möchte und nicht nur den ▷ Mittelwert und die Standardabweichung.

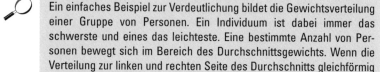

Ein einfaches Beispiel zur Verdeutlichung bildet die Gewichtsverteilung einer Gruppe von Personen. Ein Individuum ist dabei immer das schwerste und eines das leichteste. Eine bestimmte Anzahl von Personen bewegt sich im Bereich des Durchschnittsgewichts. Wenn die Verteilung zur linken und rechten Seite des Durchschnitts gleichförmig ist, spricht man von einer Normalverteilung.

Vorgehen ——— Im Beispiel handelt es sich um die Veranschaulichung des Gewichts von achtzig Personen, das ermittelt, zusammengetragen und in einer Tabelle notiert wird. Aufgrund dieser Unterlagen wird die folgende Häufigkeitstabelle erstellt.

Klasse	Grenzwerte Klasse	Häufigkeit	Total
Häufigkeitstabelle			
1	54,6 bis 59,9	//	2
2	60,0 bis 65,3	//////////	10
3	65,4 bis 70,7	///////////	11
4	70,8 bis 76,1	//////////////	14
5	76,2 bis 81,5	///////////////	15
6	81,6 bis 86,9	/////////////	13
7	87,0 bis 92,3	////////////	12
8	92,4 bis 97,7	/	1
9	97,8 bis 103,2	//	2
		Total	**80**

Auf Basis der Häufigkeitstabelle wird ein Histogramm erstellt.

Histogramm mit konstanter Klassenbreite

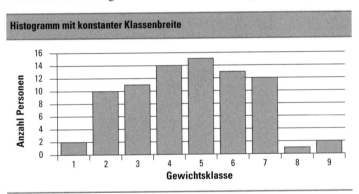

Das Histogramm kann jetzt interpretiert werden. Dabei können folgende Fragen mit in die Überlegungen einbezogen werden:

- Welche Art von Verteilung wird dargestellt?
- Wo liegt der Durchschnittswert der Verteilung?
- Entspricht der Durchschnittswert dem Ziel?
- Wie präsentiert sich die Streuung?

——————————————————— **Literatur und Links**

Oestreich, Markus/Romberg, Oliver (2009): Keine Panik vor Statistik!

Historische Entwicklung des Qualitätsmanagements

Mit der Industrialisierung wurden immer wieder Strategien gegen Produktionsmängel und -fehler entwickelt. Funktionierende und gut organisierte Qualitätssicherungssysteme gibt es erst seit dem Aufkommen von industriellen Herstellungsverfahren. Dies vor allem deshalb, weil vorher der Herstellungsprozess in der Hand einer einzigen Person gelegen hatte, die somit uneingeschränkt für die Qualität verantwortlich gewesen war. Die industriellen Herstellungsverfahren nahmen den Arbeitern, die nur noch für einen Schritt oder eine einzige Aufgabe in der gesamten Prozesskette zuständig waren, die Verantwortung für das ganze Produkt aus den Händen. Der Automobilpionier Henry Ford war einer der ersten, der gezielte Maßnahmen zur Sicherung der Qualität ergriff: Er setzte Qualitätskontrolleure an die Fließbänder, die fehlerhafte Produkte aussortierten. Diese Kontrollen wurden zunächst am Schluss des Herstellungsprozesses vorgenommen, doch mit zunehmender Erfahrung wurden sie immer mehr in den Prozess hineinverlagert, um Defekte möglichst frühzeitig zu erkennen und die Fehlerkosten tief zu halten.

In den 1930er Jahren wurden erstmals statistische Erkenntnisse eingesetzt, um die Qualitätssicherung zu steuern. Mit dem Einsatz der Statistik wurde das Durchführen von Stichproben immer populärer, weil damit – wenn richtig durchgeführt – bei gleichbleibender Qualität Kosten eingespart werden konnten. Aufgrund von Stichproben konnte die Qualität ganzer Lose geprüft werden. Dank der gewonnenen Arbeitszeit konnten die Stichproben auf die zugelieferten Teilfabrikate ausgedehnt werden, was sich äußerst positiv auf die Qualität auswirkte. Die Qualitätsprüfungen wurden immer präziser und systematischer. Für die variablen Merkmale eines Produkts (Länge, Breite, Gewicht etc.) wurden genaue Vorgaben im Bereich der Toleranzen erstellt. Die Messwerte der variablen Merkmale wurden auf ▷ Qualitätsregelkarten dokumentiert und erlaubten Rückschlüsse auf die Qualität des Prozesses. Den Qualitätsspezialisten stand nun umfangreiches Datenmaterial zur Verfügung, das entsprechend genutzt wurde. Der nächste Schritt bestand in der systematischen Ermittlung der Ursachen, die zu den Mängeln führten. Instrumente wie die Regressionsanalyse (▷ Korrelation und Regression) oder ▷ FMEA kamen zum Einsatz, zwei Methoden, die auch heute noch im gesamtheitlichen Qualitätsmanagement (▷ TQM – Total Quality Management) eine wichtige Rolle spielen.

In den 1960er Jahren wurden die Qualitätsmaßnahmen, die bis anhin fast ausschließlich in der Fertigung zum Einsatz kamen, auf ganze Unternehmen ausgeweitet. Die Ziele wurden immer höher

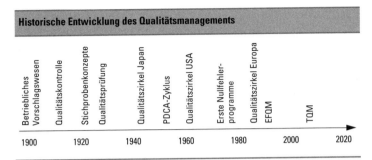

Historische Entwicklung des Qualitätsmanagements

Betriebliches Vorschlagswesen	Qualitätskontrolle	Stichprobenkonzepte	Qualitätsprüfung	Qualitätszirkel Japan	PDCA-Zyklus	Qualitätszirkel USA	Erste Nullfehler-programme	Qualitätszirkel Europa	EFQM	TQM

1900   1920   1940   1960   1980   2000   2020

gesetzt und das US-Verteidigungsministerium führte 1964 das sogenannte Nullfehlerprogramm ein. Mitte der 1980er Jahre entstand
daraus die Nullfehlerstrategie, welche die Basis für ▷ Six Sigma bildete.

Ende der 1980er Jahre wurde der integrale EFQM-Ansatz
(▷ EFQM-Modell) entwickelt, eine umfassende Methode, die im
Gegensatz zu ISO 9001 nicht die Einhaltung von Vorgaben zum Ziel
hat, sondern die eigenverantwortliche Bewertung des Managementsystems. Eine weitere Stufe des integralen Ansatzes bildete die
Total-Quality-Management-Philosophie (▷ TQM). Seit dieser Zeit
wird Qualität nur noch aus einer gesamtheitlichen Sicht betrachtet
und definiert.

Der Aufbau von gesamtheitlichen, umfassenden Qualitätsmanagementsystemen wird heute von den Kunden gefordert. Nor-
mierungssysteme und Qualitätsstandards wie ISO geben klare Vorgaben beim Aufbau der Systeme. Viele Unternehmen prüfen die
Qualität ihrer Lieferanten anhand dieser Systeme. Ein nichtzertifi-
zierter Zulieferer hat heutzutage keine Überlebenschance mehr.

Mit TQM hat sich die Qualitätsphilosophie in alle Unterneh-
mensbereiche ausgebreitet. Mit dem EFQM-Ansatz hat das Qua-
litätsthema eine neue, umfassende Dimension erhalten: Qualität ist
endgültig Chefsache geworden. Der originäre Qualitätsgedanke
geht mit dieser Entwicklung teilweise verloren. Serviceleistungen
und Marketingmaßnahmen gewinnen immer mehr an Bedeutung.
Produkte und Dienstleistungen treten in den Hintergrund. Aktuell ist
aber in verschiedenen Branchen (Tourismus, Gastronomie) ein Ge-
gentrend spürbar. Es ist durchaus möglich, dass der ursprüngliche
Qualitätsbegriff wieder mehr Bedeutung erlangt: in Form von qualitativ hochwertigen Produkten und Dienstleistungen, von Leistungen zu einem fairen Preis ohne Firlefanz. Eines ist klar: die Erfüllung der Kundenerwartungen bleibt das A und O.

Hypothesentest

Begriff _____ Ein Hypothesentest ist ein empirisches Verfahren, bei dem Informationen zu einer theoretischen Annahme über eine Grundgesamtheit systematisch erhoben und ausgewertet werden. Die im Vorfeld des Tests aufgestellten Hypothesen können dabei verworfen werden oder sind bis auf Weiteres akzeptiert. Da die im Rahmen von Stichproben gesammelten Daten Zufallsgrößen sind, lässt sich nicht mit absoluter Sicherheit sagen, ob die akzeptierte Hypothese wahr ist. Deshalb wird die Wahrscheinlichkeit von Fehlentscheidungen (Irrtumswahrscheinlichkeit) für jeden Test festgelegt, die von der Größe der zugrunde liegenden Stichprobe abhängt.

Ein Gastronomieverband behauptet, dass Männer in der Regel höhere Trinkgelder geben als Frauen.

Um diese Hypothese zu überprüfen, müssen über einen genügend langen Zeitraum stichprobenartige Erhebungen durchgeführt und ausgewertet werden. Dabei ist zu beachten, dass die Stichprobe genügend groß ist (Stichprobenstrategie) und nicht durch einen systematischen Fehler verzerrt wird (Geschlecht, Alter und Aussehen sowie der Charme des Servierpersonals dürfen während der Dauer dieser Erhebungen nicht verändert werden).

Wird die Hypothese «Männer geben höhere Trinkgelder als weibliche Gäste» verworfen, so bedeutet dies in der Praxis, dass die Schwankung im Trinkgeldaufkommen von anderen Faktoren als dem Geschlecht des Gastes abhängt, zum Beispiel von dessen Einkommen, der Größe der Konsumation etc.

Ziele _____ Mit dem Hypothesentest werden zwei Ziele verfolgt:

- Das Ergebnis einer Stichprobe (▷ Stichprobenstrategie) kann auf eine Grundgesamtheit übertragen werden.
- Nach der Durchführung des Hypothesentests besteht Gewissheit, ob vorher festgestellte Differenzen zwischen den Gruppen durch eine Zufallsabweichung beim Stichprobenziehen entstanden sind oder ob wirklich ein Unterschied in der Grundgesamtheit besteht. Für obiges Beispiel würde dies bedeuten, es besteht ein systematischer Unterschied in der Spendierfreudigkeit von männlichen und weiblichen Gästen in der Gastronomie. Der Unterschied im beobachteten Trinkgeldaufkommen ist also nicht auf «zufällige» Größen (Standort, Sortiment usw.) zurückzuführen, die nicht systematisch betrachtet wurden.

Vorgehen _____ Folgende Punkte sind zu beachten:

- Die Stichprobe muss zwingend zufällig gezogen werden (keine systematische Verzerrung bei der Stichprobenauswahl, nur zufällige Abweichungen).
- Zu jeder Hypothese («Es gibt einen geschlechtsspezifischen Unterschied in der Spendierfreudigkeit») existiert immer auch eine Alternativhypothese («Es gibt keinen Unterschied in der Großzügigkeit zwischen den Geschlechtern»).
- Mit dem Hypothesentest wird die Schwankung zwischen Stichproben geschätzt und überprüft, ob sie kleiner ist als die Differenz zwischen den Gruppen. Wenn ja, gilt das Ergebnis als signifikant. Man schließt daraus, dass der in der Stichprobe gefundene Unterschied zwischen den Gruppen auch in der Grundgesamtheit besteht.

_____ **Praxistipp**

Wer Entscheidungen zu treffen hat, weiß oft erst im Nachhinein, ob seine Wahl richtig war. Entscheiden beinhaltet immer eine gewisse Fehlerwahrscheinlichkeit. Der Hypothesentest gibt Ihnen eine Richtlinie für die Wahl einer Alternativentscheidung auf der Grundlage dessen, was Sie für richtig erachten.

_____ **Literatur und Links**

Hartung, Joachim/Elpelt, Bärbel/Klösener, Karl-Heinz (2005): Statistik: Lehr- und Handbuch der angewandten Statistik.

Begriff_____ Kaizen bedeutet das Bestreben, eine Veränderung zum Guten herbeizuführen. Dieses Streben nach Verbesserung bildet in der japanischen Produktionsphilosophie und im Lean-Management-Konzept nach Toyota einen integralen Arbeitsbestandteil aller Mitarbeitenden.

Als Motto gilt dabei: «Denk jeden Tag darüber nach, was du besser machen kannst als gestern.» Aus dieser Aufforderung zum Handeln, um etwas Besseres als das bereits Vorhandene zu schaffen, wurde in Japan das ganzheitliche Managementkonzept Kaizen entwickelt und dessen konkrete Umsetzung in den Betrieben durch davon abgeleitete Vorgaben vorangetrieben.

■ Kaizen wird oftmals als Synonym für den kontinuierlichen Verbesserungsprozess (▷ KVP) gebraucht. Als «japanisches Gegenstück» weist es in der Tat eine sehr große Schnittmenge mit dem KVP auf. Als mögliche Unterschiede kann die tiefere kulturelle Verankerung (alle Mitarbeitenden *denken* Kaizen) und die ausnahmslos konsequente Anwendung von Kaizen im Alltag gesehen werden, wohingegen europäische Unternehmen gelegentlich Ausnahmen machen («Tagesgeschäft geht vor», «Produktionsdruck etc.»).

■ Im Kaizen gibt es zwei zentrale Begriffe: «Gemba» bezeichnet den «Ort des Geschehens», also genau den Punkt im Unternehmen, wo das Problem oder die Verbesserung auftritt. «Gembutsu» hingegen ist die Aufforderung «Betrachte die Dinge (vor Ort), wie sie wirklich ablaufen». Die Berücksichtigung beider Prinzipien gilt für Mitarbeitende aller Hierarchieebenen und sorgt für eine schnelle und praxisnahe Umsetzung im Team.

An einem Packtisch reklamiert der Mitarbeiter, dass das benötigte Material bei der Anlieferung immer im Weg stehe. Das Problem kann durch Zeigen der Bewegungseinschränkung durch den verstellten Packtisch von allen Mitarbeitern nachvollzogen werden. Nach kurzer Absprache vor Ort wird ein neuer Platz für die Anlieferung definiert und provisorisch mit Klebeband markiert.

Die Änderung wird einen Tag lang ausprobiert, dann wird entschieden, ob sie übernommen wird. Der Vorteil bei diesem Verfahren ist, dass die ganze Gruppe das Problem kennt, über den Lösungsvorschlag informiert ist und so die möglichen Auswirkungen auf die eigene Arbeit abschätzen kann. Weiter sind alle Beteiligten darüber informiert, wann die Umsetzung überprüft wird.

- Im Rahmen der Kaizen-Philosophie wird davon ausgegangen, dass sich die Kundensicht und damit die Anforderungen an Produkte und Dienstleistungen permanent verändern. Um diesen Veränderungen gerecht zu werden, ist ein kontinuierlicher Anpassungsprozess in kleinen Schritten – eben Kaizen – nötig.
- Dabei wird zunächst auf die Qualität der Produkte, deren weitere Verbesserung und damit auf Kundenzufriedenheit fokussiert. Im Folgenden sind Strukturierung, Systematisierung und Standardisierung zentrale Anliegen des Kaizen. Speziell die sieben Arten der Verschwendung (unnötige Transporte, zu große Bestände, überflüssige Bewegungen, unnötige Wartezeiten, Überproduktion, Einsatz falscher Technologie, Produktion von Ausschuss) ermöglichen es auch ungeübten Mitarbeitern, sich in die Kaizen-Gedankenwelt hineinzufinden.
- Für Kaizen ist eine konsequente Dokumentation unerlässlich, um die erreichten Veränderungen sichtbar zu machen.

Praxistipps

Durch die enge Einbindung aller Mitarbeitenden in den Prozess der Mitgestaltung von Produktion und Verwaltung wird eine hohe Unternehmensidentifikation gefördert, die sich wiederum in der Motivation zur Beteiligung auswirkt.

- Kaizen ist kein hierarchisches Prinzip. Alle Mitarbeitenden, egal ob einfacher Arbeiter oder Manager, sind verpflichtet, danach zu handeln.
- Die Prämierung im Kaizen erfolgt häufig nicht nach der erzielten Einsparung, sondern an der besten oder originellsten Umsetzung und Anwendung des Prinzips.

Literatur und Links

Imai, Masaaki (1994): Kaizen.

Menzel, Frank (2010): Einfach besser arbeiten: KVP und Kaizen.

Begriff _____ Eine Korrelation bezeichnet die Beziehung zwischen in der Regel zwei oder mehreren Messgrößen (Variablen). Die Beziehung kann dabei sowohl linear als auch nichtlinear sein. Wenn eine Abhängigkeit besteht, ist die direkte Kausalität im Sinn einer klaren Unterscheidung von Ursache und Wirkung noch nicht gegeben. Zusätzlich kann es durchaus sein, dass eine der betrachteten Variablen von einer dritten, unbeobachteten Größe beeinflusst wird.

Die Zusammenhänge zwischen einer abhängigen (= Wirkung) und einer unabhängigen Variable (= Ursache) werden mit der sogenannten Regressionsanalyse untersucht und beschrieben.

Vorgehen _____ Zuerst wird die Prozesseingangsgröße x identifiziert, die mit der Ausgangsgröße y zusammenhängen soll. Mittels Messungen und graphischen Darstellungen wird aufgezeigt, ob eine Abhängigkeit besteht und ob diese linearer oder nichtlinearer Art ist. Man unterscheidet zwischen positiven (je mehr x, desto mehr y) und negativen Korrelationen (je mehr x, desto weniger y). Dabei werden die Zusammenhänge detaillierter dargestellt als bei den ▷ Hypothesentests, aber: Korrelation und Regression sind schwieriger auszuwerten als Hypothesentests.

Am Montageband soll durch die Erhöhung der Geschwindigkeit des Fließbandes die Produktivität gesteigert werden. Es besteht die Gefahr, dass dadurch die Ausschussrate zunimmt. Deswegen soll der Zusammenhang zwischen Geschwindigkeit und Ausschussrate genauer untersucht werden.

Wäre die Korrelation stark, positiv wie negativ, so müssten sich alle Punkte entlang einer der Diagonalen des Diagramms versammeln. Liegt die Punktwolke entlang einer gekrümmten Linie, ist ein nichtlinearer Zusammenhang naheliegend.

Einfache Darstellung einer schwach positiven Korrelation linearer Art	Regressionsgerade
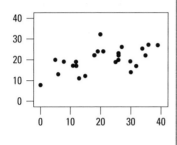	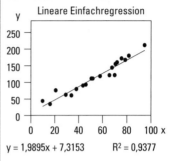Lineare Einfachregression $y = 1{,}9895x + 7{,}3153$ $\qquad$ $R^2 = 0{,}9377$

Korrelation	Regression
Misst, wie eng x und y tatsächlich zusammenhängen (ist ein Maß für die Güte der Regressions-Vorhersage).	Macht Vorhersagen für die Unbekannte y bei einem gegebenen Niveau der x-Variable.
Im Beispiel: ■ Misst, wie eng Geschwindigkeit und Ausschussrate zusammenhängen. ■ Entscheidet, ob Vorhersage der Ausschussrate durch Regression gut genug ist.	Im Beispiel: ■ Macht Vorhersage über die Zunahme der Ausschussrate bei einer um eine Einheit gesteigerten Geschwindigkeit des Montagebandes.

_____ **Praxistipp**

Ein Zusammenhang zwischen zwei statistischen Größen kann am einfachsten hergestellt werden, wenn eine «je …, desto …»-Beziehung besteht. Um auf unser Beispiel zurückzukommen: Je höher die Geschwindigkeit des Montagebandes, desto größer die Anzahl der fehlerhaften Produkte. Die Korrelation beschreibt nur einen statistischen Zusammenhang und hat mit Proportionalität nichts zu tun. So kann eine Verdoppelung der Bandgeschwindigkeit zu einer Fehlerzunahme von lediglich 10 % führen. Steigt die Fehlerrate zu Beginn der Geschwindigkeitssteigerungsmaßnahmen nur marginal und nimmt bei weiterer Beschleunigung überproportional zu, dann ist ein nichtlinearer Zusammenhang naheliegend.

_____ **Literatur und Links**

Tiede, Manfred (1987): Statistik.

Kosten-Nutzen-Analyse

Begriff _____ Bei der Kosten-Nutzen-Analyse werden die Kosten eines Vorhabens mit dem dadurch erzielten Nutzen verglichen. Damit dies möglich wird, muss der Nutzen quantifiziert werden. Die Herausforderung liegt vor allem in der Quantifizierung von nicht am Markt gehandelten Gütern, wie Imagegewinn, Menschenleben, Zeit, Klimaschutz oder Mitarbeiterzufriedenheit. Wenn zwei oder mehrere Lösungsvarianten in der Kosten-Nutzen-Analyse dasselbe Ergebnis erzielen, wird der Ansatz mit der höheren Rentabilität (Gewinn im Verhältnis zum eingesetzten Kapital) weiterverfolgt.

Einsatz _____ Die Kosten-Nutzen-Analyse kommt sowohl als Vergleichsinstrument bei der Ermittlung der optimalen Lösung wie auch als Argumentationshilfe bei der Präsentation der vorgeschlagenen Lösung zum Einsatz.

Mit der Kosten-Nutzen-Analyse werden nicht nur Lösungsvarianten, sondern auch mögliche Maßnahmen (die zum Beispiel im Rahmen einer ▷ FMEA entwickelt wurden) miteinander verglichen.

Sind die Vorteile einer gewählten Lösung nicht für alle Außenstehenden ersichtlich, kann die Kosten-Nutzen-Analyse eine willkommene Argumentationshilfe darstellen und das Anliegen mit handfesten, finanziellen Argumenten unterstützen.

Bei der Kostenanalyse ist zwischen der Einführungsphase und der Phase des laufenden Betriebs zu unterscheiden. Beide Aspekte müssen gebührend berücksichtigt werden.

Implementierungskosten	Betriebskosten
Entwicklungskosten	Materialverbrauch
Schulungskosten	Energie
Kosten für Tests	Instandhaltungsaufwand
Kosten für Maschinen oder Ausrüstung	Personalaufwand
Zertifizierungskosten	Entsorgungskosten

Beispiel einer einfachen Kosten-Nutzen-Analyse			
	Typ A	Typ B	Typ C
Kosteneinsparung/Jahr (= Nutzen)	73 800.–	24 650.–	10 250.–
Einmalkosten	76 000.–	12 350.–	42 750.–
Sonstige Aufwendungen (einmalig)	25 000.–	0.–	0.–
Ergebnis im ersten Jahr	−27 200.–	12 300.–	−32 500.–
Jahresergebnis ab zweitem Jahr	48 800.–	24 650.–	10 250.–

Ausgehend von der Annahme, dass der Kapitaleinsatz und die Nutzungsdauer für alle drei Varianten identisch sind, wird Typ A gewählt, da bei dieser Variante der Nutzenüberschuss ab dem dritten Jahr am höchsten ist.

Praxistipp

Eine formale Kosten-Nutzen-Analyse beziffert die finanzielle Seite der jeweiligen Lösung und hilft, das Engagement der Beteiligten zu fördern. Dabei sollten Sie die finanziellen Vorteile in der Sprache der jeweiligen Organisationseinheit beschreiben, beispielsweise:
- Einsparungen beim Materialverbrauch
- Minimierung der Verspätungsminuten
- Reduzierung von Nacharbeitskosten
- Reduzierung von Entsorgungskosten
- Verkürzung der Amortisierungszeit
- Erhöhung der Rentabilität

Nichtfinanzielle Optimierungen sollen in einer für die Kunden und für die jeweilige Organisationseinheit verständlichen Sprache beschrieben werden, zum Beispiel:
- Kürzere Durchlaufzeiten
- Erhöhte Flexibilität
- Kürzere Reaktionszeiten
- Mehr pünktliche Lieferungen

Literatur und Links

Süßmair, Augustin/Rowold, Jens (2007): Kosten-Nutzen-Analyse und Human Resources.

Kreativitätstechniken

Begriff ———— Kreativitätstechniken werden angewendet, um in einem Team gemeinsam Lösungen zu erarbeiten. Dabei wird das intuitiv-schöpferische Denken des Projektteams gefördert. Das Wissen mehrer Personen wird über die Erzielung eines Synergieeffekts zur Lösung eines Problems genutzt. Je nach angewandter Methode unterstützt die Kreativitätstechnik die Visualisierung von komplexen Zusammenhängen und Abhängigkeiten.

Brainstorming und Anti-Brainstorming ———— Eine der bekanntesten Kreativitätstechniken ist das Brainstorming: Die Blitzgedanken, die die Teilnehmer zu einem Stichwort oder einer Problemstellung finden, werden schriftlich festgehalten. Dabei können innert kurzer Zeit brauchbare Ideen, Argumente und Lösungsvorschläge erarbeitet werden.

Beim Anti-Brainstorming wird die Umkehrform des Brainstormings angewendet. Ein Team setzt sich damit auseinander, wie ein Problem noch verschlimmert werden könnte. Im Anschluss werden die Nennungen in Verbesserungsvorschläge umgewandelt. Die Methode bildet eine willkommene Abwechslung zum traditionellen Brainstorming. Erstaunlicherweise entwickeln die Teilnehmer bei der Fragestellung «Wie kann ein Problem noch verschlimmert werden?» mehr Phantasie als beim konventionellen Brainstorming.

Ziel ist es, das Wissen der Teilnehmer zu aktivieren und zu nutzen sowie strukturiert und unter der Führung eines Moderators kreative Lösungsansätze zu finden.

Folgende Schritte werden beim Brainstorming absolviert:

1. Legen Sie das Thema gemeinsam fest und stellen Sie sicher, dass jeder in der Gruppe die Fragestellung verstanden hat.
2. Stellen Sie die Spielregeln vor und halten Sie diese – zum Beispiel auf einem Flipchart – fest.
3. Geben sie den Zeitrahmen – zum Beispiel fünf bis zehn Minuten – bekannt.
4. Erfassen Sie die spontanen Ideen kommentarlos (jeweils ein Substantiv und ein Verb).
5. Legen Sie nach der Brainstormingphase eine kurze Pause ein und lassen Sie sich im Anschluss die festgehaltenen Ideen kurz erläutern.
6. Beim Anti-Brainstorming werden die festgehaltenen «Verschlechterungsideen» in Verbesserungsvorschläge umgekehrt.

Spielregeln Brainstorming/Anti-Brainstorming:

- Alles wird aufgeschrieben
- Keine Killerphrasen
- Keine inhaltlichen Diskussionen und keine Erklärungen
- Alle Beteiligten werden einbezogen
- Ausreden lassen und zuhören
- Jeder Vorschlag zählt

Brainwriting _____ Diese Methode lässt Ideen in ruhiger Atmosphäre entstehen. Sie kann auch angewendet werden, wenn sich nicht alle Teilnehmer im selben Raum befinden (statt auf Karten können die Ideen in E-Mails festgehalten werden). Die Ideen werden nach einem strukturierten Zeitplan generiert und von den Gruppenmitgliedern weiterentwickelt.

Die folgenden vier Schritte werden beim Brainwriting absolviert:

1. Jeder notiert eine Lösungsidee für die gemeinsam festgelegte Fragestellung auf einem Blatt Papier.
2. Anschließend reichen alle ihr Blatt gleichzeitig an den Sitznachbarn weiter.
3. Jetzt entwickeln die Teilnehmer die Ideen weiter, bauen darauf auf oder entwickeln eine komplett neue Lösung.
4. Das Blatt wird erneut weitergereicht. Nach der vereinbarten Zeit sammeln Sie alle Blätter ein. Danach können Sie die erhaltenen Ideen gemeinsam auswerten.

_____ **Praxistipp**

Brainwriting als 6-3-5-Methode anwenden. Sechs Personen entwickeln dabei jeweils drei neue Ideen in fünf Minuten.

_____ **Literatur und Links**

Kerzner, Harold (2008): Projektmanagement.

KVP

Begriff _____ KVP steht für «kontinuierlicher Verbesserungsprozess» und ist einerseits eine Unternehmensphilosophie – «Wir wollen uns stetig und nachhaltig verbessern» – und andererseits auch eine Methode, um Verbesserungsideen zu erfassen, in Lösungen zu transferieren und erfolgreich umzusetzen. KVP umfasst alle Aspekte der Qualität: die Produkte und Dienstleistungen, die Kundenbeziehungen und die Prozesse. KVP verfolgt eher den Ansatz der stetigen, kleinen Verbesserungsschritte. Doch nicht selten entsteht aus einer KVP-Idee eine echte Innovation. Die KVP-Philosophie ist eng verwandt mit ▷ Kaizen. Ein Unterschied kann bei der Befähigung der Mitarbeitenden ausgemacht werden, die bei Kaizen noch ausgeprägter ist. KVP ist stärker auf den – auch kurzfristigen – wirtschaftlichen Erfolg ausgerichtet.

Formen _____ Die KVP-Philosophie kann sowohl top-down als auch bottom-up gelebt werden. Der Top-down-Ansatz beinhaltet die permanente Überwachung der Wertschöpfungsprozesse über Kennzahlen (▷ Balanced Scorecard, ▷ CAQ, ▷ Qualitätsregelkarte). Potenzielle Schwachstellen werden zeitnah untersucht und behoben. Mit dem Instrument ▷ Prozessanalyse lassen sich neben Schwachstellen vor allem auch Optimierungspotenziale erkennen. Aus diesem Grund sollten alle Prozesse – auch die wertunterstützenden Prozesse – regelmäßig einer Analyse unterzogen werden.

Für die Verbesserungskultur noch entscheidender ist der Bottom-up-Ansatz, weil er sämtliches Personal einbezieht. ❶ Die Mitarbeitenden erhalten die Gelegenheit, Verbesserungsideen jederzeit und ohne bürokratischen Aufwand einzureichen, ❷ zum Beispiel auf sogenannten KVP-Karten. ❸ Diese Ideen werden verdankt, ❹ durch ein Expertenteam zeitnah beurteilt und entweder weiterentwickelt oder begründet abgelehnt. ❺ Die Ideengeber werden bei der Lösungserarbeitung wenn möglich einbezogen. ❻ Nach der erfolgreichen Umsetzung erhalten die Ideengeber ein Dankeschön in Form einer Prämie oder – noch besser – einer immateriellen Wertschätzung (z.B. zusätzlicher Feriented, Essensgutschein für zwei Personen). ❼ Die KVP-Erfolge sollen regelmäßig kommuniziert und auch gefeiert werden. Je nach Unternehmensgröße bedingt der Bottom-up-KVP sogenannte KVP-Leader, die über Methodenkenntnisse und Moderationsfähigkeiten verfügen und die eingereichten Ideen mit den Ideengebern und weiteren Fachspezialisten

Bottom-up-KVP – Von der Idee zur Umsetzung

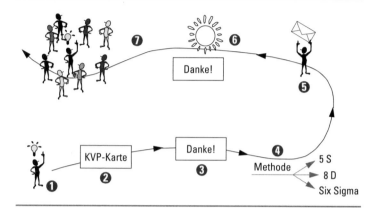

zu Lösungen ausarbeiten. Erfahrungen in der Logistikbranche haben gezeigt, dass pro hundert Mitarbeitende ein KVP-Leader ausgebildet werden sollte.

Praxistipps

- Um die Motivation der Beteiligten zu fördern und hoch zu halten, sollten gute KVP-Ideen rasch umgesetzt werden.
- KVP-Ideen, die nicht umgesetzt werden, sollen gut begründet und nachvollziehbar abgelehnt werden.
- Ein Lob an der richtigen Stelle oder ein überraschendes Dankeschön nichtmonetärer Art sind effektvoller als jedes – noch so ausgeklügelte – Prämiensystem.
- Vorgaben und Zielsetzungen wie «jeder Mitarbeitende reicht pro Jahr drei KVP-Ideen ein» hemmen die Kreativität und die Motivation und sind tödlich für die Verbesserungskultur.
- Ernennen Sie jeweils einen «KVP-Vorschlag des Monats» und heften Sie das Foto der einreichenden Person sowie eine kurze Beschreibung der KVP-Idee an die Info-Wand. Maßgebend für die Ernennung soll nicht der monetäre Nutzen der eingereichten Idee sein (der meistens erst viel später erhoben werden kann), sondern andere Kriterien, wie Kreativität oder Signalwirkung auf das Personal.

Literatur und Links

Knecht, Andreas/Bertschi, Markus (2013): Six Sigma.

Begriff ——— Die LIPOK-Methode unterstützt die Projektabgrenzung. Bei der Eingrenzung der Problemstellung wird eine konsequente Prozesssicht eingenommen. LIPOK steht für Lieferant–Input–Prozess–Output–Kunde. Jeder Prozess erhält von einem vorhergehenden (Lieferanten-)Prozess ein Produkt, das (wertschöpfend) bearbeitet und an einen (Kunden-)Prozess weitergeleitet wird. Je nach Prozess kann es sich um einen internen Lieferanten (z.B. Fertigung, Materialwirtschaft, Marketing, Distribution) oder externen Abnehmer der Leistung oder des Produkts handeln.

Ziel ——— LIPOK schafft mehr Transparenz in Bezug auf die Prozesskonstellation, ermöglicht einen Überblick über die Lieferanten- und Kundensituation und erleichtert somit die Projektabgrenzung. Die Ziele im Einzelnen:

- Identifizierung der wesentlichen Kunden des Prozesses und Bestimmung des Kunden-Lieferanten-Verhältnisses über die entsprechenden Prozess-Inputs und -Outputs.
- Visualisierung des zu verbessernden Prozesses. Der Prozess wird in einer kompakten Form (5–7 Schritte) mit den Lieferanten, dem Input, dem Prozess selbst, dem Output und dem Kunden dargestellt.
- Eindeutige und nachvollziehbare Abgrenzung des Projektumfangs. Die Prozessschritte und die Schnittstellen zu Lieferanten und Kunden werden auf Basis des Ist-Prozesses eingegrenzt.
- Schaffung eines einheitlichen Verständnisses in Bezug auf den Projektumfang.

Vorgehen ——— Folgende Schritte kommen zur Anwendung:

1. Heften Sie auf eine Metaplanwand fünf Karten als Überschriften (Lieferant, Input, Prozess, Output, Kunde).
2. Legen Sie gemeinsam die Start- und Stopp-Punkte des Prozesses fest.
3. Sammeln Sie die einzelnen Prozessschritte per Brainstorming (▷ Kreativitätstechniken). Wichtig: LIPOK wird auf einem hohen – aber nicht abstrakten – Level durchgeführt. Es werden nur die fünf bis sieben wichtigsten Prozesse dargestellt.
4. Ordnen Sie anschließend den Prozessen die verschiedenen Outputs, Kunden, Inputs und Lieferanten zu (es empfiehlt sich, in der Reihenfolge «POKIL» vorzugehen).

LIPOK eines Biergartens

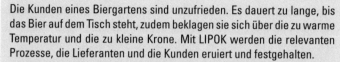

Die Kunden eines Biergartens sind unzufrieden. Es dauert zu lange, bis das Bier auf dem Tisch steht, zudem beklagen sie sich über die zu warme Temperatur und die zu kleine Krone. Mit LIPOK werden die relevanten Prozesse, die Lieferanten und die Kunden eruiert und festgehalten.

Lieferant	Input	Prozess	Output	Kunde
Gast	Durstempfinden	Gast setzt sich in den Biergarten	Gast signalisiert Bereitschaft	Servicepersonal
Servicepersonal	Zur Verfügung stehende Getränkekarte	Getränkekarte verteilen	Getränkekarte beim Gast	Gast
Gast	Bestellwunsch	Bestellung aufgeben	Aufgenommene Bestellung	Servicepersonal
Brauerei Tresen	Bier in Fässer Bierglas	Bier zapfen	Gezapftes Bier	Servicepersonal
Servicepersonal	Gezapftes Bier	Bier servieren	Bier steht auf dem Tisch	Gast

Praxistipp

Um schnell zu den relevanten Daten zu kommen, empfiehlt es sich, zuerst die zu verbessernden Prozesse zu definieren. Dazu genügt oft ein Blick in das Prozessmanagementsystem des Unternehmens oder in Handlungsanweisungen und Checklisten. Wenn keine Unterlagen vorhanden sind, empfiehlt sich ein Brainstorming mit den Betroffenen.

Literatur und Links

Roenpage, Olin, et al. (2007): Six Sigma + lean Toolset.

Mittelwert und Median

Arithmetischer Mittelwert _____ Das arithmetische Mittel wird häufig als «Durchschnitt» bezeichnet. Es wird gebildet, indem man die Summe aller in einem numerischen Datensatz enthaltenen Werte X_i eruiert und diese durch die Anzahl der einzelnen Werte (n) dividiert.

Berechnung der durchschnittlichen Lebensdauer von Produkten

- Produkt A: 4 Jahre Lebensdauer
- Produkt B: 7 Jahre Lebensdauer
- Produkt C: 13 Jahre Lebensdauer
- Produkt D: 6 Jahre Lebensdauer

Arithmetischer Mittelwert: $\dfrac{(4 + 7 + 13 + 6)}{4} = 7,5$

Der arithmetische Mittelwert repräsentiert die Daten möglicherweise nicht angemessen, weil der Einfluss von Ausreißern (zahlenmäßig wenige, äußerst tiefe oder hohe Messwerte, die für den Datensatz untypisch sind) sehr stark sein kann.

Streuung _____ Die Abweichung eines jeden Messwertes vom errechneten Mittelwert nach oben oder unten nennt man Streuung, oft auch Standardabweichung oder Varianz. Die Streuung ist die Summe der quadrierten Abweichungen vom Mittelwert im Verhältnis zur Anzahl Messwerte. Die Abweichung wird quadriert, um zu verhindern, dass sich positive und negative Abweichungen gleicher Größe aufheben.

Abweichung vom Mittelwert = X_i – Mittelwert

Abweichung vom Mittelwert, aus dem obigen Beispiel:

$13 - 7,5 = 5,5$ oder $4 - 7,5 = -3,5$ usw.

Geometrischer Mittelwert _____ Der geometrische Mittelwert wird verwendet, wenn der Einfluss von extrem großen und extrem kleinen Werten beim Berechnen des Mittelwertes vermindert werden soll oder aber zur Berechnung des Mittelwertes von Wachstumsraten. Er wird ermittelt als die n-te Wurzel aus dem Produkt der n Messwerte.

Der geometrische Mittelwert zwischen zum Beispiel zwei Zahlenwerten (30, 300) ist:

$$\sqrt{30 \cdot 300} = 94{,}86832981$$

Median _____ Der Median ist – wie der arithmetische Mittelwert – ein Maß für den Mittelpunkt eines bestimmten Datensatzes. Exakt gleich viele Datenpunkte sind dabei kleiner beziehungsweise größer als der Median, der damit eine Grenze bildet. Ein bekanntes Beispiel ist das Medianeinkommen: Genauso viele Personen verdienen mehr respektive weniger als dieses Medianeinkommen.

Zahlenreihe
12, 10, 9, 6, 3

In der Mitte liegt die 9, daher ist der Median die 9.

Handelt es sich um eine gerade Anzahl von Werten, werden die beiden Werte in der Mitte addiert und durch zwei geteilt:
4, 5, 8, 9, 11, 12

Der Median beträgt $\dfrac{8 + 9}{2} = 8{,}5$

Modalwert _____ Der Modalwert (auch Modus genannt) ist der am häufigsten vorkommende Wert einer Zahlenreihe.

Zahlenreihe
9, 6, 6, 9, 3, 2, 7, 9, 2

Am häufigsten kommt die 9 in der Zahlenreihe vor, daher ist 9 der Modalwert (Modus).

_____ **Literatur und Links**

Krämer, Walter (2004): Statistik verstehen.

Morphologischer Kasten

Begriff _____ Der morphologische Kasten ist ein systematisches Verfahren einer ▷ Kreativitätstechnik, um komplexe Problembereiche ganzheitlich zu erfassen und möglichst umfassende Lösungsansätze zu erarbeiten. Mit Hilfe einer Matrix wird eine Vielzahl von Lösungsideen generiert. Die zahlreichen Varianten von Teillösungsideen ergeben durch ihre unterschiedliche Kombination mögliche Gesamtlösungsansätze.

Vorgehen _____ Verwenden Sie eine Matrixtabelle, um einen morphologischen Kasten zu erstellen (vgl. Beispiel).

1. Umschreiben Sie die Problemstellung. In der Regel ist es sinnvoll, das Problem zu verallgemeinern.
2. Definieren Sie nun die Merkmale. Dies können Teilprobleme, Eigenschaften, Funktionen oder auch Teilobjekte sein. Achten Sie darauf, dass die Merkmale voneinander unabhängig und operationalisierbar sind. Notieren Sie diese in der ersten Spalte links.
3. Definieren Sie auf der horizontalen Achse für jedes Merkmal oder Teilproblem mögliche Varianten.
4. Verbinden Sie jede in Frage kommende Kombination von Varianten der Merkmalausprägungen mit einem Pfeil. Versuchen Sie, die einzelnen Kombinationen noch nicht zu werten.
5. Bewerten Sie nun die kombinierten Lösungsansätze und wählen Sie die brauchbaren Kombinationen aus.

Eine schriftliche Matrix vereinfacht es, später den Kreativitätsprozess nachzuvollziehen und die einzelnen Teilschritte zur besten Gesamtlösung zu optimieren.

Beispiel Neuorganisation IT-Support			
Merkmale	**Ausprägungen der Merkmale**		
Anzahl Supporter	je Abteilung ein Supporter	je Gebäude ein Supporter	ein Supporter für alle Abteilungen
Aufgaben	nur Telefonsupport	Vor-Ort-Hilfe	Vor-Ort- und Telefonsupport
Personelle Besetzung	bestehende Mitarbeitende	neue Mitarbeitende	bestehende und neue Mitarbeitende
Räumlichkeiten	eigenes Büro je Gebäude	integriert in Großraumbüros	eigenes Gebäude
Mobiliar	keine Neuinvestitionen	neue Pulte und Stühle	
Hilfsmittel	neue Computer	bestehende Computer	
...			

──────▶ Variante 1   ─ ─ ─▶ Variante 2

_____ **Praxistipps**

- Bearbeiten Sie komplexe Probleme in einer Gruppe mit maximal zehn Personen.
- Ziehen Sie bei der Suche nach Merkmalausprägungen unbeteiligte Personen bei, welche die ursprüngliche Problemstellung nicht kennen und entsprechend unvoreingenommen sind.
- Arbeiten Sie aus Komplexitätsgründen nicht mit mehr als zehn Merkmalen. Reduzieren Sie die Anzahl der Merkmale, indem Sie übergeordnete, generelle Begriffe verwenden.

_____ **Literatur und Links**

Forrer, Fritz/Schöni, Marcel (2011): Projektmanagement.

Wiegand, Jürgen (2005): Handbuch Planungserfolg.

Normalverteilung

Begriff_____ Die Normalverteilung ist der in der Praxis am häufigsten verwendete Typ der Wahrscheinlichkeitsverteilungen. Die Darstellung der Normalverteilung zeigt die «Normalkurve» oder nach dem Erfinder auch «Gauß'sche Glockenkurve» genannt.

Auf der horizontalen Achse wird die Ausprägung der beobachteten Größe (Gewicht, Einkommen, Alter usw.) dargestellt und auf der vertikalen die Häufigkeit ihres Vorkommens.

Die allermeisten Daten finden sich dabei rund um den (berechneten) Mittelpunkt (▷ Mittelwert). Weiter vom Mittelpunkt entfernt liegen nur wenige Datenpunkte. Jede Datenmenge weist dabei einen anderen Mittelwert und eine andere Standardabweichung (Streuungsmaß) auf. Aufgrund ihrer spezifischen Form ist die Glockenkurve mit der Angabe des Mittelwertes und der Standardabweichung bereits eindeutig beschrieben.

Wie «schlank» oder «bauchig» eine Normalverteilung ist, beschreibt den Grad der Streuung der zugrunde liegenden Gesamtheit. Um zum Beispiel die Messwerte bei der Herstellung einer sehr kleinen Schraube mit denjenigen einer sehr großen vergleichen zu können, werden die jeweiligen Verteilungen transformiert: Für jeden Wert wird die Differenz zum Mittelwert gebildet und durch die Standardabweichung dividiert. Es ergibt sich die sogenannte Standardnormalverteilung, die es möglich macht, die Fertigungsgüte einer Schraube von 4 mm Durchmesser mit derjenigen einer solchen von 96 mm Durchmesser vergleichen zu können.

Standardnormalverteilung

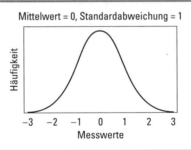

Mittelwert = 0, Standardabweichung = 1

Häufigkeit

−3 −2 −1   0   1   2   3
Messwerte

Anwendung_____ Die Normalverteilung benutzt man zur Beschreibung zufälliger Vorgänge wie:

- Messfehler,
- Abweichungen vom Sollmaß bei der Fertigung von Werkstücken.

In der Messtechnik beschreibt die Normalverteilung oft die Streuung der Messfehler. Hierbei ist wichtig, wie viele Messpunkte innerhalb einer gewissen Streubreite liegen. Die Standardabweichung Sigma (σ) beschreibt die Breite der Normalverteilung. Berücksichtigt man die Werte der Verteilungsfunktion, gilt bei einer Normalverteilung und bei Berücksichtigung beidseitiger Prozessgrenzen folgende Aussage:

- 68,27 % aller Messwerte haben eine Abweichung von höchstens σ vom Mittelwert,
- 95,46 % aller Messwerte haben eine Abweichung von höchstens 2 σ vom Mittelwert,
- 99,73 % aller Messwerte haben eine Abweichung von höchstens 3 σ vom Mittelwert.

Die bekannte Innovationstechnik und Methodensammlung ▷ Six Sigma steht für «sechs Standardabweichungen» und die Vision des Ansatzes besteht darin, die Standardabweichung einer Normalverteilung plus/minus sechsmal zwischen die Spezifikationsgrenzen des Kunden einzupassen. Der resultierende Wert entspricht einem Qualitätsniveau von 99,9999998 %. In der Praxis zeigt sich, dass sich der Mittelwert im Zeitverlauf um 1,5 Sigma verschiebt. Damit wird ein Qualitätsniveau von 99,9997 % erreicht, welches einer Fehlerrate von 3,4 Fehlern pro Million Fehlermöglichkeiten entspricht.

Die Bedeutung der Normalverteilung im Qualitätsmanagement rührt unter anderem daher, dass statistische Ergebnisse sich nur im Zusammenhang mit einem Vergleichsmaßstab interpretieren lassen.

> Ein Torhüter hält zwei von zehn Elfmetern. Wie ist diese Leistung einzuordnen? Ein schwieriges Unterfangen, wenn keine Vergleichswerte vorhanden sind. Ein Keilriemen eines Pkw hält 60 000 Kilometer. Ist dies der Regelfall, oder ist der Keilriemen besonders langlebig? Die Frage lässt sich nur beantworten, wenn Sie in Erfahrung bringen, wie lange die meisten Keilriemen halten.

Um zu ermitteln, wo ein bestimmtes Ergebnis angesiedelt ist, muss man sich ein Bild von allen möglichen Werten machen, die eine Variable annehmen kann. Danach können der Mittelwert und die Standardabweichung der untersuchten Variablen ermittelt werden, und man erhält die Möglichkeit, das Ergebnis zu interpretieren.

Literatur und Links

Scharnbacher, Kurt/Holland, Heinrich (2004): Grundlagen statistischer Wahrscheinlichkeiten.

Nutzwertanalyse

Begriff _____ Die Nutzwertanalyse ist eine Methode zur Beurteilung von Handlungsalternativen. Sie ist besonders geeignet, um Alternativen, für die keine leicht und einheitlich quantifizierbaren Kriterien vorliegen, miteinander zu vergleichen und eine Entscheidung herbeizuführen.

Ziel _____ Die Lösungsalternativen sind bewertet, die beste Alternative ist bekannt und kann umgesetzt werden.

Vorgehen _____ Folgende Schritte kommen zur Anwendung:

1. *Zielkriterien festlegen*
   - Muss-Ziele sind unabdingbare Forderungen und müssen von jeder Alternative zwingend erfüllt werden. Durch diese Restriktionen werden von Anfang an alle möglichen Alternativen ausgeschieden, die nicht den Muss-Kriterien entsprechen.
   - Da alle Alternativen, die miteinander verglichen werden, die Muss-Kriterien erfüllen, ermöglichen die Kann-Ziele die Auswahl der besten Alternative. Die Kann-Ziele müssen zu diesem Zweck gemäß ihrer Bedeutung gewichtet werden.

2. *Zielkriterien gewichten*
   Die Gewichtungsfaktoren sind subjektive Schätzungen und werden in der Regel frei bestimmt. Ein genaueres Verfahren, das zwar auch auf subjektiven Einschätzungen beruht, aber auf einem systematischen Vorgehen basiert, ist das ▷ Rangreihenverfahren. Zu beachten: Muss-Kriterien werden nicht gewichtet.

3. *Bewertung der Alternativen*
   Die Bewertung erfolgt häufig mit Hilfe einer Skala zwischen 1 und 5. Andere Skalen (z.B. 1–10) sind selbstverständlich ebenfalls möglich. Die Vergabe der Punkte erfolgt aufgrund subjektiver Einschätzungen. Die absolute Höhe der Bewertung spielt bei einem Vergleich keine Rolle. Vielmehr ist wichtig, dass der Unterschied zwischen den einzelnen Alternativen mit der Bewertung erfasst und wiedergegeben werden kann.

4. *Berechnung der Nutzwerte und Ermittlung der Rangfolge*
   Der Nutzen wird wie folgt berechnet: Gewicht mal Bewertung. Der Nutzwert entspricht der Summe aller einzelnen Nutzen.

5. *Nutzwert-Kosten-Gegenüberstellung*
Die Kosten einer Alternative gehören nicht in die Nutzwertanalyse. Erst am Schluss wird der ermittelte Nutzwert mit den
Kosten verglichen. Dabei wird der Nutzwert durch die Kosten
dividiert und man erhält den Nutzwert pro Geldeinheit.

Planung von Ferien

Zur Auswahl stehen zwei Destinationen: Sizilien und Sardinien. Ein
Muss-Kriterium ist der Wassersport.

Nutzwertanalyse

Kriterien	Gewicht	Sizilien Bewertung	Nutzen	Sardinien Bewertung	Nutzen
Muss-Kriterium: Wassersport	–	ja		ja	
Strände	50	3	150	5	250
Kultur	20	5	100	1	20
Hotelanlage	30	4	120	4	120
Nutzwert			370		390

- Kosten Sizilien: 2500.– Euro
- Kosten Sardinien: 3400.– Euro

Berechnung Nutzwert pro Geldeinheit:
- Sizilien: 370/2500.– = 0,148 Nutzwert pro Euro
- Sardinien: 390/3400.– = 0,115 Nutzwert pro Euro

Gewählt wird Sizilien, da der Nutzwert pro Euro größer ist.

_____ **Literatur und Links**

Bechmann, Arnim (1978): Nutzwertanalyse, Bewertungstheorie und Planung.

Pareto-Diagramm

Begriff ____ Das Pareto-Diagramm basiert auf dem Pareto-Grundsatz, gemäß dem ungefähr 80 % von auftretenden Problemen auf einen weit kleineren Anteil von Ursachen (etwa 20 %) zurückzuführen sind. Das Diagramm zeigt die Verteilung in Form einer Säulengraphik auf. Dabei werden die Problemursachen nach ihrer Bedeutung von links nach rechts geordnet. Kumuliert ergeben die Ursachen den Wert von 100 %.

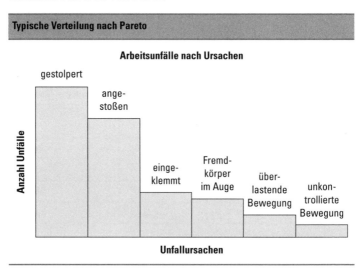

Typische Verteilung nach Pareto

Zweck ____ Mit dem Pareto-Diagramm lassen sich die Ursachen auf eine einfache Art visualisieren, eingrenzen und vergleichen. Ein Blick genügt, um zu erkennen, welche Ursache den größten Einfluss hat und entsprechend weiterverfolgt werden muss.

Vorgehen ____ Zuerst sollte man sich Gedanken zu den zu untersuchenden Kategorien machen. In Frage kommen zum Beispiel: Ursachen, Fehlertypen, Kunden, Lieferanten, Produkte und Dienstleistungen.

Um die Auswirkungen des Problems darstellen zu können, muss eine Bezugsgröße definiert werden. In der Abbildung wurde als Bezugsgröße die Anzahl Unfälle – also die Häufigkeit des Auftretens

Wenn ein Bahnunternehmen die drei wichtigsten Ursachen, die zu Verspätungen führen, eliminiert, verkehren 80 % der ursprünglich verspäteten Züge wieder pünktlich.

– gewählt. Man hätte auch die Kostenfolge pro Unfallursache ermitteln können. Oftmals wird die Auftetenswahrscheinlichkeit einer Ursache dargestellt. Die Grundlagen zu dieser Variante können mit einer ▷ FMEA und der ▷ Wahrscheinlichkeitsrechnung ermittelt werden.

Praxistipp

Nutzen Sie bereits vorhandene Erkenntnisse und Fakten. Bei der Erstellung des Pareto-Diagramms können die Resultate einer vorgängig erstellten Ursachen-Wirkungs-Analyse (▷ Ursache-Wirkungs-Diagramm) weiterhelfen.

Literatur und Links

Koch, Richard (2004): Das 80/20-Prinzip.

PDCA-Regelkreis

Begriff_____ Der PDCA-Zyklus wird auch nach seinem Entwickler Williams Edward Deming als Demingkreis oder Demingrad bezeichnet. Er beschreibt einen iterativen vierstufigen Problemlösungsprozess, der seine Ursprünge in der Qualitätssicherung hat. PDCA steht dabei für die Begriffe Plan, Do, Check, Act und wird mit den Begriffen Planen, Tun, Überprüfen, Umsetzen ins Deutsche übersetzt.

Der PDCA-Zyklus basiert auf dem Prinzip Gemba: «Geh an den Ort des Geschehens», und stellt vor allem die Mitarbeitenden vor Ort mit ihrer Arbeitsplatzkenntnis in den Mittelpunkt der Planung. So wird der PDCA-Zyklus einerseits für die Qualitätssicherung angewandt. Andererseits ist er auch ein wichtiges Werkzeug zur Systematisierung des kontinuierlichen Verbesserungsprozesses (▷ Kaizen).

Der PDCA-Zyklus

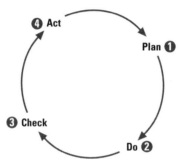

Vorgehen_____ Der PDCA-Zyklus folgt vier Phasen:

❶ «Plan»: Planung einer Verbesserung. Die Phase des Planens umfasst das Erkennen von Verbesserungspotenzialen, die Analyse des aktuellen Zustands unter Einbindung von Experten sowie die Entwicklung eines neuen Konzepts. Für diese Phase sollte die meiste Zeit investiert werden. Das Ziel besteht darin, zu erkennen, ob an den richtigen Problemen gearbeitet wird.

❷ «Do»: Umsetzung der Maßnahmen. Das Ziel dieser Phase besteht darin, die geplanten Maßnahmen wirtschaftlich, wirksam und termingerecht an einem ersten Arbeitsplatz (Prototyp) zu realisieren. Die allgemeine Umsetzung erfolgt erst in der vierten Phase. Stattdessen geht es beim «Do» darum, an einem Modellarbeitsplatz oder einer Pilotlanwendung die möglichen Veränderungen auszuprobieren und daraus Erfahrungen für die vollständige Umsetzung zu gewinnen. Dabei ist das Probieren wörtlich zu nehmen. Viele Unternehmen machen den Fehler, bereits hier nach der 100%-Lösung zu suchen.

❸ «Check»: Analyse der Ergebnisse. In dieser Phase werden die erreichten Ergebnisse mit geeigneten Kennzahlen überprüft und bewertet. Inwieweit haben sich die bisher getroffenen Annahmen bestätigt? Wo traten welche Nebeneffekte mit welchen Auswirkungen auf? An welchen Stellen sind Nachbesserungen des bisherigen Konzepts notwendig? Je nach Ergebnis wird eine Rückkehr in die «Do»-Phase notwendig. Sind die Ergebnisse zufriedenstellend, erfolgt die Formulierung entsprechender Standards und deren Freigabe für das gesamte Unternehmen.

❹ «Act»: Umsetzen und Auditieren. In der letzten Phase erfolgt die Umsetzung der Standards für das gesamte Unternehmen. Diese Phase kann – abhängig von der Komplexität – größere organisatorische Konsequenzen haben und erhebliche Investitionen erfordern. Nach erfolgter Umsetzung besteht die Aufgabe darin, die neuen Standards zu überwachen und regelmäßig mit Audits zu überprüfen. Abweichungen von den gewünschten Standards werden erfasst und dokumentiert. Die abgeleiteten Verbesserungspotenziale werden hinsichtlich Synergien zu anderen Prozessen untersucht und fließen dann wieder in die erste Phase (plan) ein.

Praxistipps

- Bitte beachten Sie, dass sich die Phasen des PDCA-Zyklus in der Praxis selten exakt voneinander trennen lassen. Vielmehr gleiten sie ineinander über und vermischen sich. Dennoch ist der PDCA-Zyklus ein einfaches und hilfreiches Werkzeug, um kontinuierliche Verbesserungen systematisch zu verfolgen und umzusetzen.
- Der PDCA-Regelkreis ist ein ideales Instrument, um operative oder strategische Qualitätsziele zu definieren, die Zielerreichung periodisch zu überprüfen und bei Planabweichungen geeignete Korrekturmaßnahmen anzuordnen.

Literatur und Links

Imai, Masaaki (1994): Kaizen.

Platzziffernverfahren

Begriff ——— Das Platzziffernverfahren ist ein Tool zur Priorisierung von Lösungsansätzen, die mit Hilfe von ▷ Kreativitätstechniken, wie Brainstorming, Anti-Brainstorming oder Brainwriting, ermittelt wurden. Ein Expertenteam bewertet dabei eine überschaubare Anzahl von Lösungsalternativen.

Vorgehen ——— Bei der Durchführung des Platzziffernverfahrens wird folgendermaßen vorgegangen:

1. Die Gruppe erstellt eine Liste mit allen erarbeiteten Lösungsansätzen. Dabei wird speziell beachtet, dass Doppeldeutigkeiten vermieden werden und die verwendeten Formulierungen von allen Beteiligten klar verstanden werden.
2. Halten Sie die Anzahl der Lösungen fest.
3. Jedes Teammitglied legt für sich die Rangfolge der Lösungen fest. Dabei erhält der für das einzelne Mitglied beste Lösungsansatz den höchsten Wert. Jeder Wert darf nur einmal vergeben werden.
4. Die Werte werden nun von jedem Teammitglied in die Tabelle eingetragen.
5. Addieren Sie die einzelnen Werte. Die Lösungen mit den höchsten Gesamtwerten gelten als von der Gruppe ausgewählt.

Platzziffernverfahren: «Biergarten»

Die Projektgruppe hat für die Problemsituation im Biergarten («Bierlieferung dauert zu lange») mittels Brainstorming Lösungen entwickelt. Diese Lösungen werden nun mittels Platzziffernverfahren nach deren Umsetzbarkeit und der Wirkung auf die Zielerreichung gewichtet.

Thema/Lösungsansatz	Person A	Person B	Person C	Summe
Schulung Personal	3	5	4	12
Anordnung der Tische optimieren	6	3	5	14
Zapfhahnen näher zu Kunde	5	6	6	17
Mehr Personal	1	4	3	8
Anzahl Kunden beschränken	2	1	2	5
Selbstbedienung einführen	4	2	1	7

Praxistipp

Bei dieser Methode sollen nur Lösungen bewertet werden, die nicht gleichzeitig implementiert werden können. Erhalten zwei oder mehr Lösungen die gleiche Gesamtpunktzahl, diskutiert die Projektgruppe, worin der Unterschied der Bewertungen liegt. Möglicherweise ist das Verständnis über die Lösung nicht gleich.

Literatur und Links

Harry, Mickel J., et al. (2010): The Practitioner's Guide to Statistics and Lean Six Sigma for Process Improvements.

Prozessanalyse

Begriff _____ Mit Hilfe der Prozessanalyse wird ein komplexer Prozess systematisch untersucht. Dies geschieht, indem der Prozess in seine Teilprozesse zerlegt wird, um die einzelnen Schritte und Ziele zu verstehen und um Optimierungspotenziale besser zu erkennen.

Formen _____ Die Prozessanalyse kann sich auf Geschäftsabläufe, soziale oder technische Prozesse beziehen.

Die Analyse von Geschäftsprozessen stammt ursprünglich aus der Wirtschaftsinformatik. Die Abläufe wurden damals nicht mit der Idee, Optimierungspotenziale zu entdecken, untersucht und aufgezeichnet, sondern um eine saubere Grundlage für die Softwareprogrammierung zu erhalten. Im Rahmen von ▷ Six Sigma werden Prozesse im Hinblick auf die Minimierung von Durchlaufzeiten, die Erhöhung des Qualitätsstandards oder die Senkung von Kosten analysiert. Mögliche Schwachstellen werden im Rahmen der Analyse identifiziert und behoben.

Vorgehen _____ Um einen Ist-Prozess zu verstehen, müssen Sie die einzelnen Schritte zuerst visualisieren. Unternehmen mit einem zertifizierten Qualitätsmanagementsystem verfügen in der Regel bereits über ein dokumentiertes Prozesssystem. Die Gesamtheit der Prozesse wird häufig in Form einer Prozesslandkarte dargestellt. Im Mittelpunkt der Prozesssysteme stehen die operativen Fertigungsprozesse (wertschöpfende Prozesse), die von den Managementprozessen gesteuert und von den Supportprozessen gestützt werden.

Der zu analysierende Prozess wird nun hinsichtlich Durchlaufzeit, Kosten und Ausgangsqualität untersucht. Mit Hilfe von

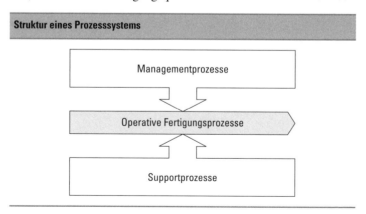

Struktur eines Prozesssystems

Managementprozesse

Operative Fertigungsprozesse

Supportprozesse

Beispiel einer Prozessstruktur

Prozessbeschreibung

Norm-forderungen

Kritische Erfolgsfaktoren

Kenngrößen

Input

Inhalt des Prozesses

Output

Prozess-grundsätze

Ziel des Prozesses

Anschlussdokumente

Prozesseigner

Expertenbefragungen, Stichproben und Messungen werden vorhandene Schwachstellen aufgedeckt und Ansatzpunkte zur Optimierung gesucht. Bei diesem Verfahren kommen je nach Komplexität der Fragestellung umfangreiche Checklisten zum Einsatz.

Als Analyseresultat liegen diverse Maßnahmen vor wie Eliminierung, Standardisierung oder Automatisierung von Prozessschritten. Häufig werden Maßnahmen definiert, die die Optimierung der Lieferanten- und Kundenschnittstelle betreffen.

Unter den Kenngrößen können zum Beispiel Durchlaufzeiten, Häufigkeit und Kosten erfasst werden. Unter Prozesseigner ist die verantwortliche Person erfasst, die für die Behebung der Effizienzlücken zuständig ist.

___

Praxistipp

Hinterfragen Sie konsequent die Wertschöpfung jedes einzelnen Prozessschrittes und orientieren Sie sich dabei am tatsächlichen Kundenbedarf.

___

Literatur und Links

Meyer, Urs B., et al. (2005): Grafische Methoden der Prozessanalyse.

Begriff _____ Die Prozessfähigkeit ist erreicht, wenn sich der nach der Optimierung eines Prozesses erreichte Sigma-Wert ($\triangleright$ Six Sigma), der aufgrund von Außeneinflüssen in den meisten Fällen rückläufig ist, auf einem hohen Niveau innerhalb der Eingriffsgrenzen stabilisiert. Ein solcher Prozess gilt als stabil oder beherrscht. Man spricht in diesem Fall von einem fähigen Prozess.

Formen _____ Beim Sigma-Wert unterscheidet man wie bei den Prozessfähigkeitsindices zwischen der Kurzzeit- und der Langzeitfähigkeit.

Die Kurzzeitfähigkeit (Sigma Level ST) wird während einer begrenzten Zeitdauer (z.B. unmittelbar nach der Optimierung) gemessen.

Die Langzeitfähigkeit (Sigma Level LT) wird anschließend permanent gemessen. Bei der Langzeitfähigkeit wird eine Verschiebung des Mittelwertes um 1,5 Sigma berücksichtigt. Die Gründe dafür sind Einflüsse von außen (Mensch, Maschine, Material, Methode, Umwelt), welche die Prozessleistung über lange Zeiträume entsprechend (negativ) beeinflussen können (z.B. Urlaubszeiten, jahreszeitliche Schwankungen, Unfälle, Gesetzesänderungen).

Bei einem Sigma-Wert von 6 ergeben sich rechnerisch – unter Anwendung der Standardnormalverteilung – auf 1 Million Fehlermöglichkeiten (DPMO) lediglich 0,002 Fehler. Dies entspricht einer Ausbeute von 99,9999998 %. Dieses ambitiöse Ziel ist anzustreben, um langfristig eine Qualität von 3,4 Fehler auf 1 Million Möglichkeiten sicherstellen zu können (99,9997 %).

Die Philosophie der kontinuierlichen Verbesserung geht ebenfalls davon aus, dass sich ein optimierter Prozess ohne ständige Verbesserungsmaßnahmen nur eine gewisse Zeit auf dem neuen, höheren Niveau halten kann. Stillstand bedeutet in diesem Fall erwiesenermaßen Rückschritt. Aus diesem Grunde streben qualitätsbewusste Unternehmen eine Verbesserungskultur an, in der den Außeneinflüssen mit permanenten Optimierungsschritten begegnet wird.

Kurz- und Langzeitfähigkeit eines Prozesses

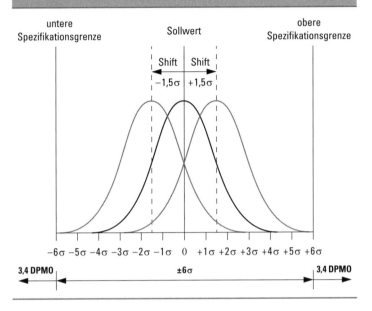

──────────────────────────────── **Literatur und Links**

Gamweger, Jürgen, et al. (2009): Design for Six Sigma.

Knecht, Andreas/Bertschi, Markus (2013): Six Sigma.

Begriff _____ Mit der Prozessoptimierung wird die Effizienz bestehender Geschäfts-, Produktions- oder Entwicklungsprozesse – nach einer durchgeführten ▷ Prozessanalyse – verbessert.

Vorgehen _____ Alle Ansätze zur Optimierung der Prozesse streben die Perfektion an, ohne sie erreichen zu wollen. Die sich laufend verändernden Rahmenbedingungen wirken sich negativ auf den Wirkungsgrad der Prozesse aus. Dazu kommt, dass sich ein Teil der schlechten Gewohnheiten schnell wieder einstellt. Ohne stützende Maßnahmen nimmt das Qualitätsniveau eines Prozesses schnell wieder ab.

Darum ist die Einführung eines dauerhaften, permanenten Verbesserungsmanagements enorm wichtig. Mit dem kontinuierlichen Verbesserungsprozess (▷ KVP) oder mit ▷ Kaizen wird dieser Effekt angestrebt. Idealerweise entwickelt sich im Unternehmen eine Verbesserungskultur. Alle Mitarbeitenden tragen durch ihre täglichen Beobachtungen und ihre Ideen dazu bei, dass Verschwendung sofort erkannt und das Niveau der Prozesse verbessert oder gehalten werden kann.

 Praxistipp _____

Überlegen Sie sich frühzeitig, welche Rahmenbedingungen eines Prozesses kurz- oder mittelfristig ändern könnten, und konfigurieren Sie den Prozess so, dass diese Änderungen den Prozess nicht gefährden.

 Literatur und Links _____

Knecht, Andreas/Bertschi, Markus (2013): Six Sigma.

Ziel der Optimierung ist die Reduktion der Verschwendung

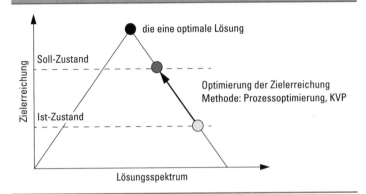

Wer nicht am Ball bleibt, riskiert Rückfälle!

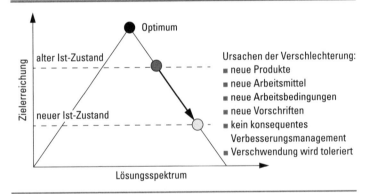

Am Ball bleiben erfordert Energie und Überzeugungsarbeit

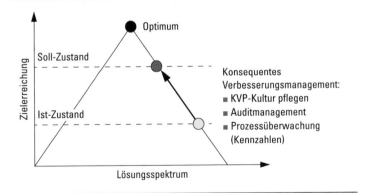

Begriff_____ Das Wort «Audit» kommt aus dem Lateinischen (lat. auditus) und bedeutet so viel wie anhören. Der Begriff wurde ursprünglich ins Deutsche als Revision des Rechnungswesens und Buchprüfung (Auditor = Revisor) übersetzt. Damit es nicht zu Verwechslungen mit dem schon vorhandenen Begriff «Revision» kommt, wurde das Wort «Qualitätsaudit» kreiert.

Die Wirksamkeit des Qualitätsmanagements wird mit Hilfe von systematischen, unabhängigen Untersuchungen beurteilt. Diese Untersuchungen nennt man Qualitätsaudits, sie können in allen Bereichen eines Unternehmens stattfinden und helfen, Schwachstellen aufzuzeigen. Aufgrund der Ergebnisse des Audits werden Qualitätsverbesserungen veranlasst, die innerhalb einer definierten Frist umgesetzt und überwacht werden.

Laut den ISO-Normen (▷ Qualitätsmanagementnormen) ist ein Qualitätsaudit ein systematischer, unabhängiger und dokumentierter Prozess zur Erlangung von Auditnachweisen und deren objektiver Auswertung, um zu ermitteln, inwieweit Auditkriterien erfüllt sind.

Qualitätsaudits dürfen nur von Personen durchgeführt werden, die keine direkte Verantwortung in den zu auditierenden Bereichen haben, allerdings sollten die Auditoren mit den betroffenen Mitarbeitern zusammenarbeiten.

Vorgehen_____ Bei einem Qualitätsaudit treffen Unternehmensverantwortliche (bzw. Verantwortliche aus den zu auditierenden Bereichen) mit Auditoren zusammen, um Elemente aus dem Qualitätsmanagementsystem des Unternehmens oder das ganze Qualitätsmanagementsystem zu beurteilen. Dabei werden Arbeits- und Verfahrensabläufe (Prozesse) näher begutachtet, analysiert und auf Übereinstimmung mit der Wirklichkeit überprüft.

Das Zertifizierungsverfahren (▷ Akkreditierung und Zertifizierung) lässt sich in die folgenden Schritte gliedern:

1. Auswahl der Zertifizierungsstelle
2. Anmeldung bei der Zertifizierungsstelle
3. Fragebogen und Projektgespräch
4. Handbuchprüfung
5. Handbuchprüfbericht
6. Voraudit (nur bei Bedarf)
7. Zertifizierungsaudit
8. Zertifizierung

Formen ———— Es wird zwischen Systemaudit, Verfahrensaudit (Prozessaudit), Produkt- oder Dienstleistungsaudit unterschieden.

- *Systemaudit:* Überprüfung des gesamten Managementsystems eines Unternehmens.
- *Verfahrensaudit (Prozessaudit):* Überprüfung von zusammenhängenden Arbeitsschritten, von Prozessen und bestimmten Arbeitsabläufen.
- *Produkt- oder Dienstleistungsaudit:* Überprüfung der Qualität (Erfüllung von Kundenanforderungen, technischen Spezifikationen und Produktionsvorgaben) von einzelnen Produkten oder Dienstleistungen.

Anforderungen an den Auditor ———— Auditoren müssen die in der Normenreihe ISO 9000 beschriebenen Qualifikationen erfüllen und sollten sich zusätzlich in der Branche, in der sie arbeiten, gut auskennen. Oft werden auch Co-Auditoren in fachlicher Ergänzung zum Audit-Leader bestimmt. Die psychologische Verhaltensweise der Auditoren ist sehr wichtig für den Erfolg eines Audits. Wird das Prüfen zur reinen Kontrolle und bleibt beim Untersuchen ein Schuldiger, so wird zunehmend versucht, Mängel zu verbergen. Ein Auditor muss daher Vertrauen als Helfer gewinnen, um damit helfender Teil des Systems der kontinuierlichen Verbesserung zu sein.

Gültigkeit des Zertifikats ———— Sollte das Zertifikat im ersten Anlauf nicht erreicht werden, müssen die Fehler, die der Auditor entdeckt hat, korrigiert werden. In einem Nachaudit gibt es dann eine weitere Chance, das Zertifikat zu erhalten. Das Zertifikat gilt drei Jahre. Jedes Jahr stellen Überwachungsaudits das Qualitätsmanagementsystem erneut auf die Probe. Nach drei Jahren muss das Zertifikat durch ein Wiederholungsaudit erneuert werden.

———————————————————————— **Praxistipp**

Viele Mängel sind innerhalb eines Unternehmens bereits vor dem Audit durch eine externe Stelle bekannt. Es lohnt sich nicht, diese Schwachstellen zu verbergen. Erstellen Sie besser eine Liste der selbstentdeckten Mängel und führen Sie die bereits eingeleiteten Verbesserungsmaßnahmen auf. Diese Liste wird offengelegt und den Auditoren rechtzeitig zugestellt.

———————————————————————— **Literatur und Links**

Gietl, Gerhard/Lobinger, Werner 2012: Leitfaden für Qualitätsauditoren.

Begriff _____ Eine Qualitätsmanagementnorm definiert, welche Anforderungen ein Unternehmen bei der Umsetzung des Qualitätsmanagementsystems erfüllen muss. Die Norm kann sowohl informativ für die Umsetzung innerhalb eines Unternehmens dienen als auch zum Nachweis bestimmter Standards gegenüber Dritten.

Der Aufbau von Qualitätsmanagementsystemen erfolgt nach der ISO 9001. Der Aufbau der Normen ist prozess- und kundenorientiert. Die Norm ist als Modell zu verstehen und bildet die Basis für ein ganzheitliches Qualitätsmanagementsystem.

Grundsätze _____ Die acht Grundsätze des Qualitätsmanagements sind in der Norm festgehalten:

- Kundenorientierung,
- Verantwortlichkeit der Führung,
- Einbeziehung der beteiligten Personen,
- prozessorientierter Ansatz,
- systemorientierter Managementansatz,
- Kontinuierlicher Verbesserungsprozess,
- sachbezogener Entscheidungsfindungsansatz,
- Lieferantenbeziehungen zum gegenseitigen Nutzen.

Es bestehen gute Möglichkeiten, andere Systeme sinnvoll zu integrieren, beispielsweise hinsichtlich Umwelt-, Sicherheits- und Arbeitsschutz. Die gesamte Qualitäts-ISO-Familie umfasst folgende Normen:

- _ISO 9000:_ Qualitätsmanagementsysteme – Grundlagen und Begriffe
- _ISO 9001:_ Qualitätsmanagementsysteme – Anforderungen an ein Qualitätsmanagementsystem
- _ISO 9004:_ Qualitätsmanagementsysteme – Leitfaden zur Leistungsverbesserung

Mit der Normenreihe ISO 9000 ff. sind Normen geschaffen worden, die die Grundsätze für den Aufbau eines Qualitätsmanagements definieren. Gemeinsam bilden sie ein zusammenhängendes Werk, welches die Transparenz und das gegenseitige Verständnis auf nationaler und internationaler Ebene erleichtern soll.

Kompatibilität zu anderen Normen ⎯⎯⎯ Die Qualitätsnormen ISO 9000 ff. bieten explizit die Möglichkeit, Kombinationen und Verbindungen mit anderen Managementnormen zu bilden. Sie behandeln jedoch bewusst keine Forderungen aus anderen Managementdisziplinen und verweisen lediglich auf Umwelt-, Arbeitsschutz-, Risiko- und Finanzmanagement. Bei der Verbesserung der Umweltverträglichkeit orientiert sich die Norm zum Beispiel an denselben Managementprinzipien wie die Normenreihe ISO 14000.

Kombiniert man zwei oder mehrere kompatible Normen und baut gleichzeitig (oder auch zeitlich versetzt) im Unternehmen mehrere Managementsysteme auf, so spricht man von einem integrierten Managementsystem (IMS).

⎯⎯⎯⎯⎯⎯⎯⎯⎯⎯⎯⎯⎯⎯⎯⎯⎯⎯⎯⎯⎯⎯⎯⎯ **Praxistipp**

Viele Unternehmen gehen den Weg zum integrierten Managementsystem, indem sie zuerst ein Qualitätsmanagementsystem nach ISO 9000 ff. aufbauen, laufend optimieren und, sobald eine gewisse Stabilität vorhanden ist, als Basis für die Integration des Umweltmanagementsystems nach ISO 14000 benutzen.

Diese Vorgehensweise in Etappen kann nur empfohlen werden. Die Erfahrung zeigt, dass nach erfolgter Zertifizierung sehr viel Überzeugungsarbeit nötig ist, um das Management und das Personal für die ständige Verbesserung des Systemniveaus zu gewinnen. Die zertifizierenden Stellen besitzen in der Regel das nötige Feingefühl, um zu spüren, wann der Moment für die Integration einer weiteren Normenreihe gekommen ist. Womit auch erwähnt wäre, dass die zertifizierende Stelle durchaus beratende Funktionen wahrnehmen kann. Den Unternehmen kann ans Herz gelegt werden, diesen Rat in Anspruch zu nehmen.

⎯⎯⎯⎯⎯⎯⎯⎯⎯⎯⎯⎯⎯⎯⎯⎯⎯⎯⎯⎯⎯ **Literatur und Links**

Brauer, Jörg-Peter (2002): DIN EN ISO 9000:2000 ff. umsetzen.

Qualitätsregelkarten

Begriff_____ Die Qualitätsregelkarten werden zur Auswertung von Prüfdaten aus dem Prozesscontrolling oder aus Stichproben eingesetzt. Auf den Regelkarten werden die Warn- und Eingriffsgrenzen eines Prozesses festgehalten.

Formen_____ Auf der Regelkarte wird die beobachtete Häufigkeitsverteilung erfasst. Die gesammelten Daten gelten als Basis für die Untersuchung der ▷ Prozessfähigkeit. Die Warn- und Eingriffsgrenzen werden auf der Prozessregelkarte auf Basis der aktuellen Prozessdaten berechnet und werden daher periodisch angepasst. Bei anderen Typen von Regelkarten werden die Warn- und Eingriffsgrenzen aufgrund der Toleranzwerte (maximale erlaubte Abweichung vom Zielwert) des einzelnen Produkts festgelegt.

Arten von Qualitätsregelkarten	
Stetige Daten[a]	
I-Karte:	Merkmalswerte werden direkt in die Karte eingetragen (**I**ndividual).
X-quer-Karte:	Eingetragen wird der Mittelwert ($\bar{x}$) der Teilgruppen.
MR-Karte:	Eingetragen wird die gleitende Spannweite, d.h. die Differenz zwischen dem nachfolgenden Wert und dem aktuellen Wert (**M**oving **R**ange).
R-Karte	Spannweite der Teilgruppe wird in die Karte eingetragen (**R**ange).
S-Karte	Standardabweichung (S) der Teilgruppe wird eingetragen. Spannweite und Standardabweichung werden in der Regel nur in Kombination mit dem Mittelwert in den Regelkarten benutzt. Beide Werte sind ein Maß für die Streuung des Prozesses.
Diskrete Daten[b]	
p-Karte	Anzahl der fehlerhaften Einheiten pro Stichprobe in Prozent (**p**ercentage).
np-Karte	Anzahl der fehlerhaften Einheiten pro Stichprobe bei konstantem Stichprobenumfang (**n**umber of **p**roportions).
u-Karte	mittlere Anzahl von Fehlern pro Einheit in einer Stichprobe (count per **u**nit).
c-Karte	gesamte Anzahl von Fehlern aller Einheiten in einer Stichprobe (**c**ount).

a Ein einfaches Beispiel stetiger Daten ist das gemessene Gewicht: Je nach Messobjekt wird es in Tonnen, in Kilogramm oder in Gramm gemessen.
b Diskrete Daten haben folgende Eigenschaften:
  1. Sie können durch Zählen ermittelt werden.
  2. Sie können in Klassen eingeteilt werden (z.B. «alle Resultate mit 10 bis 20 Fehlern» oder «alle Werte höher 30»).
  3. Sie können in Gruppen eingeteilt werden (Monate, Wochentage, ja/nein, mit/ohne Fehler, Mann/Frau).
  4. Sie lassen sich nicht sinnvoll teilen (ein Bauteil weist keinen, einen oder zwei etc., aber nicht 1,5 Fehler auf).

Ziel ——— Nicht zufällige Prozessvariationen werden frühzeitig entdeckt, und entsprechende Maßnahmen zur Sicherstellung des Prozessniveaus können rasch eingeleitet werden.

Vorgehen ——— Qualitätsregelkarten werden folgendermaßen eingesetzt:

- Wählen Sie die Regelkarte aus und berechnen Sie die Eingriffsgrenzen.
- Entnehmen Sie dem Prozess Stichproben und tragen Sie die Messwerte auf der Karte ein.
- Intensivieren Sie die Überwachung, sobald die Warngrenzen erreicht werden oder eine besorgniserregende Musterbildung eintritt.
- Leiten Sie Maßnahmen ein, sobald die Eingriffsgrenzen verletzt werden.

Beispiel einer Qualitätsregelkarte

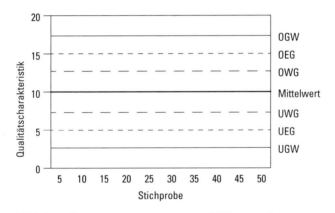

OGW: oberer Grenzwert (Kundenspezifikation)
OEG: obere Eingriffsgrenze
OWG: obere Warngrenze

UGW: unterer Grenzwert (Kundenspezifikation)
UEG: untere Eingriffsgrenze
UWG: untere Warngrenze

——————————————————— **Literatur und Links** 📖

Mittag, Hans-Joachim (1993): Qualitätsregelkarten.

Rangreihenverfahren

Begriff _____ Das Rangreihenverfahren (auch Rangfolgeverfahren genannt) ist ein Verfahren zur Gewichtung von Kann-Zielen (z.B. bei einer ▷ Nutzwertanalyse). Während die Gewichtung bei einfacheren Aufgabenstellungen geschätzt werden kann, erlaubt der Einsatz des Rangreihenverfahrens eine hohe Genauigkeit auch bei komplexen Fragen oder Situationen.

Vorgehen _____ Beim Rangreihenverfahren kommen folgende Schritte zur Anwendung:

1. Jedes Kriterium wird mit jedem anderen verglichen. Dabei wird pro Vergleich entschieden, welches Kriterium das wichtigere ist. Dies geschieht meistens mit Hilfe einer Tabelle.

Rangreihenverfahren				
Kriterium	**A**	**B**	**C**	**D**
A	A	A	A	A
B		B	C	D
C			C	C
D				D

2. Nun werden die Nennungen zusammengezählt. Im Beispiel erhält das Kriterium
   A = 4 Nennungen
   B = 1 Nennung
   C = 3 Nennungen
   D = 2 Nennungen

3. Aufgrund der Anzahl Nennungen lässt sich nun das prozentuelle Gewicht des jeweiligen Kriteriums berechnen.
   A = 40%
   B = 10%
   C = 30%
   D = 20%

Beurteilung _____ Die Vorteile des Rangreihenverfahrens liegen in der leichten Handhabbarkeit und einfachen Anwendung. Nachteile könnten dadurch entstehen, dass der Vergleich der einzelnen Faktoren/Kriterien intuitiv gemacht wird und die Resultate im Nachhinein dadurch schwer nachvollzogen werden können.

Anwendung———— Das Rangreihenverfahren kommt in verschiedenen Bereichen zum Einsatz und beschränkt sich nicht nur auf die Gewichtung von Entscheidungskriterien. Insbesondere im Personalwesen bildet das Rangreihenverfahren ein beliebtes Mittel, um Vergleiche anzustellen.

- Bewertung und Vergleich von verschiedenen Arbeitsplätzen, mit dem Ziel, die Lohnsumme fair aufzuteilen.
- Bewertung der Arbeitsleistungen von Mitarbeitenden, mit dem Zweck, die Bonifikationssumme leistungsgerecht zu verteilen.
- Bewertungen und Vergleich von Bewerbern in einem Personalrekrutierungsprozess.

_____ **Praxistipp**

- Beim Vergleich der einzelnen Faktoren oder Kriterien sollen mehrere Experten aus verschiedenen Fachgebieten mitwirken. Somit wird das Risiko von Fehleinschätzungen minimiert.
- Halten Sie die Gründe und Argumente fest, die für oder gegen die einzelnen Faktoren oder Kriterien gesprochen haben. Einerseits stellen Sie auf diese Weise die Nachvollziehbarkeit sicher und andererseits können die Argumente bei der Lösungsbewertung (z. B. bei einem ▷ Platzziffernverfahren) erneut eingesetzt werden.

_____ **Literatur und Links**

Knecht, Andreas/Bertschi, Markus (2013): Six Sigma.

Six Sigma

Begriff _____ Six Sigma gilt als wissenschaftliche Managementmethode, um Prozesse zu optimieren, aus Kundensicht relevante Fehler zu reduzieren und damit die Profitabilität des Unternehmens zu steigern. Der Begriff «Six Sigma» steht dabei für «sechs Standardabweichungen». Als Vision dieses Ansatzes gilt, die Schwankungsbreite der Produkt- und Prozessqualität so schmal zu halten, dass eine sechsmalige Standardabweichung vom ▷ Mittelwert noch innerhalb der Spezifikationsgrenzen des Kunden liegt. Der resultierende Wert entspricht einem Qualitätsniveau von 99,9999998%. In der Praxis zeigt es sich, dass sich der Mittelwert einer Normalverteilung im Zeitverlauf um 1,5 Sigma verschieben kann. Damit wird ein Qualitätsniveau von 99,9997% erreicht, welches einer Fehlerrate von 3,4 Fehlern pro Million Fehlermöglichkeiten entspricht (Defects Per Million Opportunities, DPMO). Entwickelt wurde das Six-Sigma-Konzept in den 1980er Jahren im Unternehmen Motorola. Anschließend wurde es durch die konsequente Anwendung bei General Electric populär.

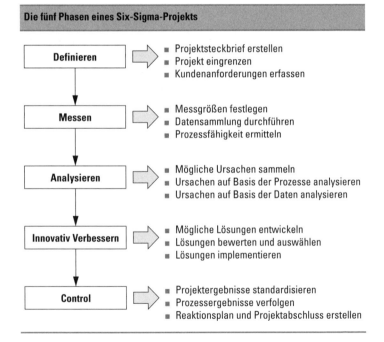

Die fünf Phasen eines Six-Sigma-Projekts

Definieren
- Projektsteckbrief erstellen
- Projekt eingrenzen
- Kundenanforderungen erfassen

Messen
- Messgrößen festlegen
- Datensammlung durchführen
- Prozessfähigkeit ermitteln

Analysieren
- Mögliche Ursachen sammeln
- Ursachen auf Basis der Prozesse analysieren
- Ursachen auf Basis der Daten analysieren

Innovativ Verbessern
- Mögliche Lösungen entwickeln
- Lösungen bewerten und auswählen
- Lösungen implementieren

Control
- Projektergebnisse standardisieren
- Prozessergebnisse verfolgen
- Reaktionsplan und Projektabschluss erstellen

Anwendung _____ Six Sigma steht nicht nur für das Streben nach höchster Qualität, sondern auch für das Prinzip der Messbarkeit und des datengesteuerten Vorgehens auf der Basis der Statistik. Dazu beinhaltet das Konzept drei wichtige Bausteine für den Projekterfolg:

1. den Regelkreis zur Prozessoptimierung DMAIC (Definieren, Messen, Analysieren, Innovativ Verbessern, Controlling),
2. das Vorgehensmodell zur Prozess- und Produktentwicklung DMADV (Definieren, Messen, Analysieren, Design, Verifizieren) sowie
3. das Prozessmanagement zur Sicherstellung der Nachhaltigkeit.

In jeder Phase eines Six-Sigma-Projektes werden statistische Methoden angewendet, um auf Basis objektiver Daten fundierte und faktenbasierte Entscheidungen treffen zu können. Zu diesen Methoden zählen unter anderem die Stimme des Kunden und der Qualitätsmerkmalsbaum, die ▷ Fehlersammelliste und die Prozessfähigkeitsanalyse (▷ Prozessfähigkeit), das ▷ Pareto-Diagramm und das ▷ Histogramm.

Weiterhin beinhaltet Six Sigma ein umfassendes Ausbildungssystem, welches über die Stufen Green Belt (Mitarbeit in Six-Sigma-Projekten und Teilprojektverantwortung), Black Belt (Projektleitung) zum Master Black Belt (Überwachung der verschiedenen Six-Sigma-Projekte und Ausbildung) führt.

_____ **Praxistipp**

Six Sigma als Methode des Qualitätsmanagements nutzt verschiedene statistische Berechnungswerkzeuge. Damit ist Six Sigma vor allem für Bereiche geeignet, in denen Mitarbeitende aufgrund ihrer Ausbildung unproblematisch mit den mathematischen Berechnungsverfahren umgehen können. Ist diese Voraussetzung nicht erfüllt, kann Six Sigma aufgrund des strikten mathematisch-wissenschaftlichen Vorgehens auf Ablehnung stoßen. Aus diesem Grund wurde Ende der 1990er Jahre eine Reihe von Versuchen unternommen, die Six-Sigma-Methodik zu vereinfachen. Am bekanntesten ist wohl der Ansatz Lean Six Sigma.

_____ **Literatur und Links**
Knecht, Andreas/Bertschi, Markus (2013): Six Sigma.

Statistische Prozessregelung

Begriff _____ Neben der Erfüllung der Kundenanforderung bildet die statistische Prozessregelung – übrigens ein Begriff, der bereits in den 1930er Jahren in die Fachliteratur Einzug fand – einen wichtigen Pfeiler in jedem Qualitätsmanagementsystem. Die statistische Prozessregelung (auch Prozesssteuerung respektive im Englischen Statistical Process Control, SPC, genannt) dient nicht nur dazu, einen Prozess kontinuierlich zu beobachten, sondern es werden Daten und Fakten gesammelt, die erlauben, den Prozess bei allfälligen Abweichungen vom Soll zu korrigieren.

Anwendung _____ Die statistische Prozessregelung wird meist in der laufenden Fertigung angewendet, weil es – aufgrund der sich ständig ändernden Einflussfaktoren – keine auf Dauer fehlerfreie Fertigung gibt. Jede Fertigung lässt sich steuern und unter Kontrolle bringen. Im Vordergrund steht die ständige Verbesserung durch die Überprüfung von Teilfabrikaten und fertigen Produkten. Die Qualität soll durch die Eliminierung von systematischen und die Reduzierung von zufälligen Einflüssen verbessert werden. Ein Ansatz, der der Pareto-Philosophie (▷ Pareto-Diagramm) entspricht und klar verdeutlicht, dass das Hauptaugenmerk auf die Eliminierung der Ursachen von systematischen Mängeln gelegt werden soll. Die Fehler (Abweichungen von den Plan-Werten) werden an Ort und Stelle festgehalten (manuell oder automatisch) und – sofern möglich – korrigiert. Aus wirtschaftlichen Gründen erfolgte die Überwachung der Fertigungsqualität in früheren Jahren durch statistische Methoden wie Stichprobenprüfungen und Wahrscheinlichkeitsberechnungen. Mit den heutigen Informatiklösungen (▷ CAQ) ist es mit verhältnismäßig wenig Aufwand möglich, Prozesse permanent zu überwachen.

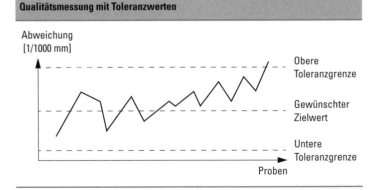

Qualitätsmessung mit Toleranzwerten

Abweichung [1/1000 mm]

Obere Toleranzgrenze

Gewünschter Zielwert

Untere Toleranzgrenze

Proben

Hilfsmittel —— Als wichtigste Hilfsmittel dienen ▷ Qualitäts-regelkarten, in die Messwerte manuell oder automatisch eingetragen werden. Neben der Entdeckung von eindeutigen Fehlern helfen die Daten auch bei der Erkennung etwaiger Trends und bilden die Grundlage für das Einleiten von Gegenmaßnahmen. Häufig werden Toleranzwerte definiert. Sobald diese über- oder unterschritten werden, wird eingegriffen.

Einflussgrößen —— Auf jeden Prozess wirken viele verschiedene Einflussgrößen ein, die in einem Unternehmen mit einem funktionierenden Qualitätsmanagement zu einem guten Teil bereits bekannt sein müssten (▷ FMEA). Man unterscheidet zwischen zufälligen und systematischen Einflüssen:

■ Zufällige Einflüsse sind – was den Zeitpunkt des Auftretens betrifft – nicht voraussagbar (z. B. wetterbedingte Temperaturschwankungen bei der Produktion von Lebensmitteln).
■ Zu den systematischen Einflüssen zählt zum Beispiel Werkzeugverschleiß.

Beide Arten von Einflüssen sorgen für Abweichungen im Endprodukt.
Vorteile der statistischen Prozessregelung sind:

■ Minimierung von Prüfaufwand und Verlust,
■ Stabilität und Sicherheit im Prozessmanagement,
■ Reduktion von Ausschuss und Nacharbeit, Fehlervermeidung.

—————————————————————————— **Praxistipp**

Der Einsatz von ausgeklügelten Informatiksystemen kann helfen, den Aufwand für die Prozessüberwachung tief zu halten. Die eigentliche Denkarbeit wird dadurch – wie so oft – nicht ersetzt. Die Herausforderung besteht in der Definition der richtigen Messwerte.

—————————————————————————— **Literatur und Links** 📖

Quentin, Horst (2008): Statistische Prozessregelung – SPC.

Stichprobenstrategie

Begriff ——— Als Stichprobe bezeichnet man eine Teilmenge einer Grundgesamtheit, die unter bestimmten Gesichtspunkten ausgewählt wird. Stichproben können eingesetzt werden, wenn aufgrund der Menge, des großen Aufwandes oder aus Gründen des Datenschutzes die Grundgesamtheit nicht gesamthaft untersucht werden kann.

Ziel ——— Das Ziel einer Stichprobenstrategie ist es, aus einer relativ kleinen Datenmenge eine aussagekräftige Schlussfolgerung im Hinblick auf die zugrunde liegende Grundgesamtheit zu erhalten.

Stichprobengröße ——— Damit gute Schätzwerte beziehungsweise Aussagen erreicht werden, sollten die Stichproben die folgenden Größen nicht unterschreiten:

Statistik oder Werkzeug	Minimale Stichprobengröße (n)
Mittelwert	30–40
Standardabweichung	30–40
Pareto-Diagramm	50
Häufigkeitsverteilung (Histogramm)	50
Regelkarte	25
Streudiagramm	25

Stichprobenarten ——— Bei der Definition der Stichprobe wird festgelegt, welche Art von Stichprobe durchgeführt werden soll. Je nach Fragestellung kommen verschiedene Stichprobenarten zum Einsatz:

- *Zufallsstichprobe:* Die Elemente, die in die Stichprobe gelangen, werden mit Hilfe eines Zufallsgenerators ausgewählt. Bei der einfachen Zufallsauswahl haben alle Elemente der Grundgesamtheit die gleiche Chance, in die Stichprobe zu gelangen.
- *Geschichtete Stichprobe:* Die Grundgesamtheit wird in Schichten eingeteilt (Männer/Frauen, Selbständige/Angestellte). Die Stichproben werden nun separat aus den einzelnen Schichten gezogen. Auf diese Weise kann die Genauigkeit der Stichprobe im Hinblick auf das Schichtungsmerkmal vergrößert werden.
- *Systematische Zufallsstichprobe:* Die Wahl der Stichprobenelemente erfolgt mit System, also nicht mehr ganz zufällig (Beispiele: jeder dritte Kaffee, jedes fünfte Bauteil).

Berechnung der Stichprobengrößen

Für die genaue Berechnung des Stichprobenumfangs existieren Zusammenhänge, die als Formeln in der statistischen Fachliteratur nachgelesen werden können (siehe Literaturhinweis). Grundsätzlich ist das Resultat einer Stichprobe umso genauer, je größer ihr Umfang ist. Wird also die Anzahl in der Stichprobe erhöht, sinkt die Fehlergrenze. Die Fehlergrenze verringert sich mit zunehmender Stichprobengröße immer stärker. Irgendwann wird der Punkt erreicht, an dem die Kosten für zusätzliche Messungen für die Stichprobe nicht mehr gerechtfertigt sind. Mit den statistischen Formeln versucht man, diesen Punkt so genau wie möglich zu bestimmen.

Größere Stichprobenumfänge liefern nicht immer auch genauere Resultate. Die Formeln zur Berechnung des idealen Stichprobenumfangs berücksichtigen die Qualität der zugrunde liegenden Daten nicht. Wenn der Stichprobenanteil auf einer verzerrten Verteilung basiert, wenn Fehler bei der Datenerhebung auftreten oder wenn systematische Fehler bei der Datenaufbereitung gemacht wurden, ist die schönste und umfangreichste Stichprobe wertlos, weil keine präzisen Resultate daraus berechnet werden können.

■ *Stichprobe von Untergruppen:* Die Wahl der Stichprobenelemente erfolgt über die Bildung von ▷ Mittelwerten (z.B. jeweils der erste Kaffee zur vollen Stunde, alle fünfzehn Minuten ein Bauteil). Der Vorteil liegt in der Erkennung von Variationen zwischen den Stichprobengruppen.

Praxistipp

Wenn Sie den Umfang und die Art der Stichprobe festlegen, sollten Sie berücksichtigen, dass die Kosten für die Versuche in einem angemessenen Verhältnis zur gewünschten Genauigkeit stehen. Deshalb sollten Sie immer mehrere Berechnungen der Stichprobenumfänge mit unterschiedlichen Genauigkeiten durchführen.

Literatur und Links

Pokropp, Fritz (1996): Stichproben: Theorie und Verfahren.

TQM – Total Quality Management

Begriff _____ Total Quality Management (TQM), wie es heute bekannt ist, wurde in der japanischen Autoindustrie entwickelt und kann mit «Umfassendes Qualitätsmanagement» übersetzt werden. Die TQM-Philosophie erhebt die Qualität zum Systemziel. Alle Prozesse und Tätigkeiten eines Unternehmens werden durchgängig überwacht und aufgezeichnet. Der TQM-Erfolg ist daher von einsatzbereiten und qualitätsorientierten Mitarbeitenden abhängig.

Prinzipien _____ Die zentralen Grundsätze des TQM-Ansatzes unterscheiden sich nicht wesentlich von denen anderer Qualitätsphilosophien:

- Qualität orientiert sich an den Kunden.
- Qualität wird durch Mitarbeitende aller Hierarchiestufen erzielt.
- Qualität umfasst viele Dimensionen, die durch Kriterien operationalisiert werden müssen.
- Qualität ist kein Ziel, sondern ein Prozess, der nie zu Ende geht.
- Qualität bezieht sich auf Produkte und Dienstleistungen, vor allem aber auf die Prozesse zur Erzeugung derselben.
- Qualität setzt aktives Handeln voraus und muss erarbeitet werden.

Umsetzung _____ In Japan, Amerika und in Europa existieren verschiedene TQM-Umsetzungskonzepte. In Europa am meisten verbreitet ist das ▷ EFQM-Modell der «European Foundation for Quality Management». Die Kriterien dieses Modells werden in Deutschland und der Schweiz zur Vergabe der wichtigsten Qualitätspreise – des Ludwig-Erhard-Preises und des Esprix Swiss Excellence Award – herangezogen.

Während in der klassischen Qualitätssicherung die Reduzierung der von Menschen verursachten Fehler im Vordergrund steht, geht TQM vom Ansatz «Prozesse provozieren Fehler» aus. Daraus kann abgeleitet werden, dass alle Mitarbeitenden für auftretende Fehler verantwortlich sind. Das Ziel bei TQM besteht in einer Nullfehlerqualität, die es immer anzustreben gilt, denn nicht die Erzeugung von Qualität verursacht Kosten, sondern die Nichterfüllung von Anforderungen. Im Vordergrund steht somit immer die Zufriedenheit des Kunden.

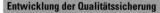

Entwicklung der Qualitätssicherung

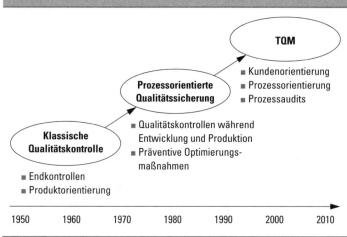

TQM
- Kundenorientierung
- Prozessorientierung
- Prozessaudits

Prozessorientierte Qualitätssicherung

- Qualitätskontrollen während Entwicklung und Produktion
- Präventive Optimierungsmaßnahmen

Klassische Qualitätskontrolle

- Endkontrollen
- Produktorientierung

1950   1960   1970   1980   1990   2000   2010

_____ **Praxistipps**

- Mit dem Engagement der Führungskräfte steht und fällt der Erfolg von TQM. Das Management muss die neue Qualitätsstrategie definieren und kommunizieren, die Einführungsstrategie konzipieren, die Unterstützungsleistungen sicherstellen, die Lenkungsgremien definieren und den TQM-Prozess fördern, begleiten und selber vorleben.
- Beziehen Sie alle Mitarbeitenden in den Qualitätsprozess ein. Die Absicht besteht darin, dass alle ein Qualitätsbewusstsein entwickeln, das die ständige Optimierung der eigenen Tätigkeit zum Ziel hat.

_____ **Literatur und Links**

Binner, Hartmut F. (2002): Prozessorientierte TQM-Umsetzung.

Wildemann, Horst (2012): Total Quality Management.

Ursache-Wirkungs- oder Ishikawa-Diagramm

Begriff _____ Das nach seinem Erfinder, dem Japaner Kaoru Ishikawa, benannte Diagramm ist ein einfaches Hilfsmittel zur Visualisierung von möglichen Kausalitätszusammenhängen und ähnelt in seiner Form einer Fischgräte. Daher ist es auch unter dem Namen Fishbone- oder Fischgrätendiagramm bekannt. Es verfolgt die Analyse von Fehlerursachen auf Basis der 5-M-Kriterien: Mensch, Maschine, Methode, Material und Milieu (Umwelt). Alternativ dazu können aber auch andere Kategorien definiert werden, wie zum Beispiel die 4 P (engl. Policies, Procedures, People, Plant). Das Ziel des Ishikawa-Diagramms liegt in der Aufdeckung von Problemursachen und deren systematisch strukturierter Visualisierung. Das Ishikawa-Diagramm eignet sich für tatsächliche oder auch potenzielle Probleme innerhalb eines abgrenzbaren Teilbereiches. Es kann als Gruppentechnik eingesetzt werden und erlaubt innerhalb kurzer Zeit einen Überblick über die Ursache-Wirkungs-Zusammenhänge eines konkreten Problems.

Vorgehensweise _____ Zur Anwendung des Ishikawa-Diagramms werden fünf Schritte empfohlen:

■ _Schritt 1:_ Zur Vorbereitung der Arbeit in der Gruppe (3 bis 8 Personen) visualisieren Sie die Hauptgräte, an deren Kopf Sie, möglichst prägnant, das Problem notieren. Anschließend zeichnen Sie die «Nebengräten» schräg zur Hauptgräte ein.

■ _Schritt 2:_ Definieren Sie in der Gruppe alle möglichen oder denkbaren Ursachen und platzieren Sie diese je nach Zugehörigkeit auf die «Nebengräten».

■ _Schritt 3:_ Durch erneutes Hinterfragen («Was führt zu dieser Ursache?») können sich weitere Ursachen ergeben, die sich dann an den Nebengräten verästeln.

■ _Schritt 4:_ Überprüfen Sie abschließend gemeinsam das Diagramm auf Vollständigkeit.

■ _Schritt 5:_ Legen Sie die notwendigen Schritte zur Weiterarbeit fest: «Was ist die wahrscheinlichste Ursache?», «Wie lösen wir das Problem?» bzw. für den Fall, dass die Ursachen noch nicht eindeutig sind: «Wie gewinnen wir dazu aussagekräftige Daten?»

Praxistipp

Die Anwendung eines Ishikawa-Diagramms fördert durch die Diskussion das gemeinsame Problemverständnis. Die Methode ist durch die Auswahl unterschiedlicher Kategorien flexibel einsetzbar und kann sowohl als Brainstorming als auch als Brainwriting eingesetzt werden.

An der Maschine RTX200 sind auffällig hohe Ausfallzeiten zu beobachten. In einem Team aus Instandhaltern und Maschinenbedienern wird zunächst die Methode Ishikawa-Diagramm vorgestellt. Im folgenden Brainstorming werden mögliche Ursachen für Maschinenausfälle gesammelt. Nach dessen Beendigung werden die genannten Ursachen mit der ▷ 5×-Warum-Fragetechnik nochmals hinterfragt und ergänzt. Dabei fließen die Erfahrungen der Teilnehmer mit ein. Abschließend werden die Ursachen hinsichtlich ihrer Bedeutung bewertet sowie die Ursachen mit den höchsten Wahrscheinlichkeiten bestimmt. Im nächsten Schritt erfolgt die Definition möglicher Lösungen.

Literatur und Links

Menzel, Frank (2009): Produktionsoptimierung mit KVP.

Wahrscheinlichkeitsrechnung

Begriff —— In der Statistik kann die Wahrscheinlichkeit des Eintreffens eines Ereignisses mit dem Instrument der Wahrscheinlichkeitsrechnung ermittelt werden. Die Wahrscheinlichkeit ist eine exakt definierte Größe, die zahlenmäßig erfasst und entsprechend gedeutet werden kann. Die Gesetze der Wahrscheinlichkeit laufen dabei häufig der menschlichen Intuition zuwider. Denken Sie nur an die Menschen, die regelmäßig Zahlenlotto spielen, an Pferdewetten teilnehmen oder Spielcasinos besuchen, obwohl genau feststeht, dass das Casino und das Steueramt langfristig immer gewinnen.

Ziel —— Das Ziel besteht darin, zufällige Vorgänge bei Massenerscheinungen zu beschreiben und anhand von Modellen, die gebildet werden, das Eintreffen möglicher Ereignisse rechnerisch abzuschätzen.

Im Qualitätsmanagement rechnet man im Zusammenhang mit möglichen Defekten häufig deren Auftretenswahrscheinlichkeit aus. Dies ist nichts anderes als eine Abschätzung der Wahrscheinlichkeit, mit der eine zu bewertende Fehlerursache in einem definierten Zeitraum (z.B. Lebensdauer eines Produkts) auftreten wird.

Statistische Methoden werden im Qualitätsmanagement oft eingesetzt, zum Beispiel bei Produkt- und Zuverlässigkeitsprüfungen (▷ Zuverlässigkeit und Verfügbarkeit) oder in der Bewertung von Produktionsmitteln (▷ Statistische Prozessregelung). Bei der Prozessregelung (auch Prozesssteuerung genannt) läuft ohne Statistik rein gar nichts. Ein qualitätsfähiger Prozess wird per Definition statistisch überwacht (▷ Qualitätsregelkarte, ▷ CAQ) und laufend optimiert.

Die Wahrscheinlichkeit P des Auftretens eines Ereignisses A berechnet man wie folgt:

$$P(A) = \frac{\text{Anzahl der für A günstigen Ereignisse}}{\text{Anzahl der möglichen Ereignisse}}$$

Die Wahrscheinlichkeit kann immer nur Werte zwischen 0 und 1 annehmen.

$$0 \leq P(A) \leq 1$$

Berechnung von Eintretenswahrscheinlichkeiten —— Nachfolgend finden Sie drei einfach nachvollziehbare Beispiele:

- Die Wahrscheinlichkeit, bei einem Münzwurf A = Wappen zu treffen: $P(A) = 1/2 = 0{,}5$, d.h. die Wahrscheinlichkeit, ein Wappen zu werfen, liegt bei 0,5.
- Die Wahrscheinlichkeit, bei einem Würfelspiel A = 1 zu erzielen: $P(A) = 1/6 = 0{,}1666$, d.h. die Wahrscheinlichkeit, eine 1 zu würfeln, liegt bei 0,1666 (das nennt man auch ein günstiges, mögliches Ereignis).

Hingegen:

- Die Wahrscheinlichkeit, bei einem Würfelspiel A = 9 zu erzielen: $P(A) = 0/9 = 0$, d.h. die Wahrscheinlichkeit, eine 9 zu würfeln, liegt bei 0 (das nennt man auch ein unmögliches Ereignis).

Im Qualitätsmanagement werden die Wahrscheinlichkeiten auf der Grundlage von gesammelten Daten geschätzt. Der Vollständigkeit halber sei hier die mathematische Wahrscheinlichkeit (Ermittlung der Wahrscheinlichkeit unter Einsatz der Mathematik) erwähnt. In der mathematischen Wahrscheinlichkeit gibt es verschiedene statistische Ereignisse:

- *Einander ausschließende Ereignisse:* Diese Ereignisse können bei einem Versuch nicht gleichzeitig auftreten. Bei einem Würfelspiel kann nicht gleichzeitig die 5 und die 1 gewürfelt werden.
- *Voneinander unabhängige Ereignisse:* Die Wahrscheinlichkeit des Eintreffens eines Ereignisses wird vom Eintreffen des anderen Ereignisses nicht beeinflusst. Wenn man Heuschnupfen hat, kann man sich durchaus den Arm brechen. Das eine hat mit dem anderen im Normalfall nichts zu tun.
- *Voneinander abhängige Ereignisse:* Davon spricht man, wenn die Wahrscheinlichkeit eines Ereignisses durch das Eintreffen des anderen verändert wird. Bei einem Kartenspiel ist die Wahrscheinlichkeit, einen König zu ziehen, dann größer, wenn irgendeine andere Karte bereits gezogen und aus dem Spiel gelegt wurde.

——————————————————————— **Literatur und Links**

Bosch, Karl (2006): Elementare Einführung in die Wahrscheinlichkeitsrechnung.

Begriff ____ Mit der Wertflussanalyse werden Prozessschritte hinsichtlich ihres Beitrags zum Erfüllung der Kundenanforderung bewertet und in wertschöpfende, wertermöglichende und nichtwertschöpfende Tätigkeiten unterteilt. Im Rahmen der ▷ Prozessoptimierung wird der Anteil an wertschöpfenden Schritten maximiert und der Anteil nichtwertschöpfender Tätigkeiten weitestgehend eliminiert bzw. auf ein Minimum reduziert.

- *Wertschöpfende Tätigkeiten:* Aktivitäten, die sich aus Sicht des Kunden schon bei erstmaliger Ausführung werterhöhend auf ein Produkt oder eine Dienstleistung auswirken. Sie alleine bewirken letztlich, dass die Kundenanforderungen vollständig und wirtschaftlich erfüllt werden.
- *Wertermöglichende Tätigkeiten:* Aktivitäten, die nicht per se wertschöpfend sind. Die wertermöglichenden Tätigkeiten sind aktuell für die Leistungserbringung erforderlich oder wenigstens förderlich. Diese Tätigkeiten werden auch als Stützleistung bezeichnet. Diese Anteile sind auf das für die Organisation erforderliche Maß zu reduzieren.
- *Nichtwertschöpfende Tätigkeiten:* Aktivitäten, auf die infolge unzureichender Voraussetzungen nicht umgehend verzichtet werden kann. Ein Kunde würde sie aus seiner Sicht nicht als wesentlich erachten und nicht bereit sein, dafür zu bezahlen. Diese Anteile sind im Rahmen der Prozessoptimierung zu eliminieren bzw. auf ein Minimum zu reduzieren.

Vorgehen ____ Bei der Erstellung einer Wertflussanalyse wird folgendermaßen vorgegangen:

1. Erstellen Sie ein Matrix-Flussdiagramm eines Prozesses.
2. Kennzeichnen Sie jede Tätigkeit im Prozess entweder als wertschöpfend, wertermöglichend oder nichtwertschöpfend. Führen Sie diese Bewertung im Team durch.

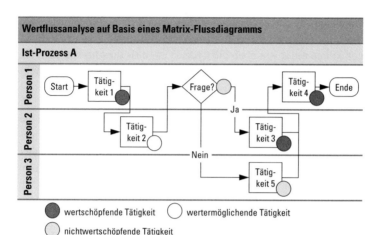

Wertflussanalyse auf Basis eines Matrix-Flussdiagramms

Ist-Prozess A

- wertschöpfende Tätigkeit
- wertermöglichende Tätigkeit
- nichtwertschöpfende Tätigkeit

Praxistipps

- Verwenden Sie im Flussdiagramm für die Wertanalyse folgende Farben:
  - Wertschöpfende Tätigkeit = grün
  - Wertermöglichende Tätigkeit = blau
  - Nichtwertschöpfende Tätigkeit = rot

- Zur Beurteilung, was wertschöpfend und was nicht wertschöpfend ist, muss der Unternehmenszweck berücksichtigt werden. Während bei einem Transportunternehmen der Transport von und zum Kunden wertschöpfend ist, kann dieselbe Tätigkeit bei einem reinen Produktionsunternehmen als Verschwendung bezeichnet werden.

- Diskutieren Sie nicht zu lange, ob eine Tätigkeit mit «blau» oder «rot» bewertet werden sollte. Im Diskussionsfall markieren Sie die Tätigkeit «rot». Die Diskussion an dieser Stelle ist auf jeden Fall ein Zeichen dafür, dass diese Tätigkeit Optimierungspotenzial aufweist.

Literatur und Links

Zentrum Wertanalyse (1995): Wertanalyse.

Einleitung ——— Insbesondere bei technischen Systemen stellt sich die Frage, wie zuverlässig sie ihre geforderte Funktion erbringen können und wie groß die Chance ist, dass dies im betrachteten Zeitraum so bleibt. Eine Antwort darauf ergibt sich aus der Betrachtung von deren Verfügbarkeit und Zuverlässigkeit.

Zuverlässigkeit ——— Die Zuverlässigkeit (engl. reliability) ist die Wahrscheinlichkeit, dass eine Einheit (eine Komponente, ein Apparat oder ein Fahrzeug) ihre spezifizierte Funktion ohne Fehler unter festgelegten Bedingungen und über eine bestimmte Dauer erfüllt. Sie wird durch die Zuverlässigkeitsfunktion R(t) beschrieben. Zu Beginn muss die Einheit funktionieren:

$$R_{t=0} = 1$$

Nach unendlich langer Zeit funktioniert sie nicht mehr:

$$R_{t=\infty} = 0$$

Verliert eine Einheit die Fähigkeit, ihre festgelegte Funktion zu erfüllen, wird dies als Ausfall bezeichnet.

Die Ausfallrate FR (engl. failure rate) ist das Verhältnis der Anzahl der Ausfälle zur Gesamtnutzungszeit.

$$\text{Ausfallrate FR} = \frac{\text{Anzahl Ausfälle aller Einheiten}}{\text{gesamte Betriebszeit aller Einheiten}}$$

Bei einer Serie von 119 Lokomotiven treten im Zeitraum von 120 Tagen 128 Ausfälle auf, welche insgesamt 160 Ausfalltage verursachen.

$$\text{FR pro Lokomotive} = \frac{128 \text{ Ausfälle}}{(120 \cdot 119) \text{ Tage}} = \frac{128}{14\,280}$$

$$= \frac{0{,}009 \text{ Ausfälle}}{\text{Tag}} = \frac{3{,}3 \text{ Ausfälle}}{\text{Jahr}}$$

Verfügbarkeit _____ Die Verfügbarkeit (engl. availability) ist die Wahrscheinlichkeit, dass eine Einheit funktionsfähig angetroffen wird.

Bei der Verfügbarkeit geht die Ausfallzeit in die Berechnung ein. Dies im Gegensatz zur Zuverlässigkeit, bei der es keine Rolle spielt, wie lange das Gerät nicht funktionsfähig (außer Betrieb) ist. Dabei ist zu beachten, dass sich die Verfügbarkeit nur auf einen vereinbarten Zeitraum bezieht. Geplante Stillstände (auch Downtimes genannt), wie Wartung und Unterhalt, liegen in der Regel außerhalb des vereinbarten Zeitraums.

Die Verfügbarkeit berechnet sich nach folgender Formel:

$$\text{Verfügbarkeit} = \frac{\text{gesamte Betriebszeit} - \text{Gesamtausfallzeit}}{\text{gesamte Betriebszeit}}$$

Bei den 119 Lokomotiven aus dem vorherigen Beispiel ergibt sich eine Verfügbarkeit von:

$$A = \frac{14\,280 - 160}{14\,280} = \frac{14\,120}{14\,280} = 99\,\%$$

_____ **Literatur und Links**

Bertsche, Bernd/Lechner, Gisbert (2004): Zuverlässigkeit in Maschinenbau und Fahrzeugtechnik.

Qualitätsmanagement: Beispiele

Fallbeispiel Prioritätenmatrix

Begriff

Die Prioritätenmatrix ist eine Auswahltechnik, bei der verschiedene Lösungsvarianten in einer Matrix bewertet und in Relation zueinander gestellt werden. Dabei kommen verschiedene Kriterien, wie Kosteneinsparungen, Umsetzungsrisiko oder die Umsetzbarkeit innerhalb eines definierten Zeitrahmens, zum Zug. Die Prioritätenmatrix kann auch für die Priorisierung von unterschiedlichen Problemstellungen verwendet werden. Bei der Beurteilung spielt das Schadenpotenzial eine wichtige Rolle.

Ziel

Ziel ist die Identifikation derjenigen Lösung, die den Kriterien am besten entspricht.

Vorgehen

Zuerst werden die Kriterien bestimmt, denen die einzelnen Lösungen entsprechen müssen, zum Beispiel: Kosten, Bedienerfreundlichkeit, Schulungsaufwand, Rechengeschwindigkeit.

Danach wird die Kriterienmatrix ausgefüllt. Dazu werden alle Kriterien einander gegenübergestellt und bewertet.

Gewichtung: 0,2 viel weniger wichtig
0,5 weniger wichtig
1 gleich wichtig
2 wichtiger
5 viel wichtiger

Beispiel Sanierung von ICE-Toilettensystemen

Kriterienmatrix								
ist x-wichtiger als ▶ ▼	Machbarkeit	Verstopfung eliminiert	Geruchsbildung im Fahrzeug	Geruchsbildung draußen	Einmalkosten	Kosten Betrieb	Zeilensumme	Kriteriengewichtung
Machbarkeit		0,5	0,5	2	1	2	6	0,17
Verstopfung eliminiert	2		1	2	2	2	9	0,25
Geruchsbildung im Fahrzeug				2	2	2	9	0,25
Geruchsbildung draußen	0,5	0,5	0,5		0,5	0,5	2,5	0,07
Einmalkosten	1	0,5	0,5	2		1	5	0,14
Auswirkung/ Kosten Betrieb	0,5	0,5	0,5	2	1		4,5	0,13
Gesamtsumme							36	1,00

Machbarkeit ist wichtiger als Kosten Betrieb (Wert 2). In der Kriterienmatrix wird das komplementäre Feld («Kosten wichtiger als Machbarkeit») mit dem inversen Wert ausgefüllt.

In einem weiteren Schritt werden die Optionenmatrizen ausgefüllt. Die Optionen (Lösungsvarianten) werden einander gegenübergestellt und bewertet. Dieser Schritt wird für jedes Kriterium separat durchgeführt.

Gewichtung: 0,2 viel weniger gut
0,5 weniger gut
1 gleichwertig
2 besser als
5 viel besser als

Die Option «Rückschlagventil» ist besser als die Option «Abluft in Fahrzeug» (Wert 2). In der Optionenmatrix wird das komplementäre Feld («Abluft in Fahrzeug» ist weniger gut als «Rückschlagventil») mit dem inversen Wert ausgefüllt. Dieser Schritt wird für jedes Kriterium in einer separaten Matrix ausgefüllt. Nachfolgend finden Sie zwei Beispiele von Optionenmatrizen.

Optionenmatrix bezüglich Machbarkeit

Machbarkeit	1. …	2. …	3. …	4. …	5. …	6. …	7. …	Zeilen-summe	Kriterien-gewich-tung
1. Rückschlag-ventil		1	2	2	2	1	5	13	0,21
2. Quetschventil	1		2	2	2	1	5	13	0,21
3. Abluft im Fahrzeug	0,5	0,5		2	1	2	5	11	0,18
4. Abluft unten	0,5	0,5	0,5		0,5	1	2	5	0,08
5. in Fahrzeuge mit Aktivkohle	0,5	0,5	1	2		2	5	11	0,18
6. ins Freie mit Aktivkohle	1	1	0,5	1	0,5		2	6	0,10
7. in Fäkalien-tank	0,2	0,2	0,2	0,5	0,2	0,5		1,8	0,03
Gesamtsumme								60,8	1,00

Optionenmatrix bezüglich Verstopfung eliminiert

Verstopfung eliminiert	1. …	2. …	3. …	4. …	5. …	6. …	7. …	Zeilen-summe	Kriterien-gewich-tung
1. Rückschlag-ventil		1	0,5	0,5	0,5	0,5	0,5	3,5	0,07
2. Quetschventil	1		0,5	0,5	0,5	0,5	0,5	3,5	0,07
3. Abluft im Fahrzeug	2	2		1	1	1	1	8	0,17
4. Abluft unten	2	2	1		1	1	1	8	0,17
5. in Fahrzeuge mit Aktivkohle	2	2	1	1		1	1	8	0,17
6. ins Freie mit Aktivkohle	2	2	1	1	1		1	8	0,17
7. in Fäkalien-tank	2	2	1	1	1	1		8	0,17
Gesamtsumme									1,00

Zuletzt wird die Prioritätenmatrix erstellt. Aus den Optionen-matrizen wird die Kriteriengewichtung pro Lösungsoption in die Prioritätenmatrix übertragen (z. B. Machbarkeit Rückschlagventil: 0,17 × 0,21 = 0,036). Die Lösungsoption mit der höchsten Zeilen-summe ist die Lösung, welche mit der höchsten Priorität weiterver-folgt werden sollte. Im vorliegenden Beispiel sind dies die Optionen Rückschlag- und Quetschventil.

Prioritätenmatrix

Kriterium Option	Mach- barkeit	Verstop- fung eli- miniert	Geruchs- bildung im Fahrzeug	Geruchs- bildung draußen	Einmal- kosten	Kosten Betrieb	Zeilen- summe (Priorität)
Gewichtung	0,17	0,25	0,25	0,07	0,14	0,13	
1. Rückschlag- ventil	0,036	0,019	0,039	0,013	0,024	0,021	0,15
2. Quetschventil	0,036	0,019	0,039	0,013	0,024	0,021	0,15
3. Abluft im Fahrzeug	0,030	0,043	0,006	0,013	0,024	0,021	0,14
4. Abluft unten	0,014	0,043	0,045	0,009	0,003	0,021	0,14
5. in Fahrzeuge mit Aktivkohle	0,030	0,043	0,031	0,011	0,024	0,009	0,15
6. ins Freie mit Aktivkohle	0,016	0,043	0,045	0,008	0,020	0,009	0,14
7. in Fäkalien- tank	0,005	0,043	0,045	0,001	0,020	0,021	0,14
Gesamtsumme							1,000

_____ **Literatur und Links**

Hirzel, Matthias: Projektportfolio-Management, Gabler 2009

Fallbeispiel team24

Begriff

team24 ist ein Kurzworkshop, mit dem ein Team in 24 Minuten eine unbefriedigende Situation analysiert und verbessert oder eine Problemstellung bearbeitet. Im Zentrum von team24 stehen die direkt betroffenen Mitarbeitenden. team24 ist eine strukturierte Einstiegshilfe und dient zur Entscheidung über den Einsatz von weiteren Entwicklungsinstrumenten.

Vorgehensweise

Die Methode gliedert sich in folgende fünf Schritte:

1. *Einführung:* Der Moderator erklärt die Problemstellung. Mit Hilfe eines sogenannten In-Out-Rahmens wird das Thema abgegrenzt: Aspekte, die untersucht werden sollen, werden innerhalb des Rahmens notiert. Aspekte, die nicht Teil der Problemstellung sind, werden außerhalb des Rahmens aufgeführt.
2. *Brainstorming:* Mit dem Brainstorming werden die Ursachen für das Problem gesucht und auf einem Flipchart festgehalten. Alternativ kann ein Anti-Brainstorming durchgeführt werden. Hier gilt das Motto: Was können wir tun, um noch schlechter zu werden. Wichtig: Halten Sie bei beiden Vorgehensweisen die Brainstorming-Spielregeln (▷ Kreativitätstechniken) strikte ein.
3. *Gewichtung:* Die Gewichtung erfolgt nach der N/3-Methode. Die Anzahl genannte Ursachen wird durch drei geteilt. Beispiel: Bei neun genannten Ursachen erhält jeder Teilnehmer drei grüne und drei rote Klebepunkte. Die Punkte werden auf dem Flipchart neben die Vorschläge geklebt: die roten Punkte für die Ursachen, die die größten Probleme verursachen, die grünen Punkte für Ursachen, die einfach zu eliminieren sind. Die Beurteilung wird von jedem Teilnehmer aufgrund seiner persönlichen Erfahrungen vorgenommen.
4. *Ursachenanalyse:* Die vier am höchsten gewichteten Vorschläge (je zwei rot, zwei grün) werden in die Ursachenanalyse übernommen. Mit der 5×-Warum-Methode können die wahren Ursachen für Situationen und Problemstellungen gefunden werden.
5. *Erkenntnisse/Maßnahmen:* Das Team definiert konkrete Verbesserungsmaßnahmen (inklusive Priorität, Termin und Zuständigkeit).

team24: Der 24-Minuten-Workshop	
Einführung (3 Minuten)	Problembeschreibung
Brainstorming (5 Minuten)	Ursachenfindung
Gewichtung (3 Minuten) N/3-Methode: Grün: einfach zu verbessern Rot: Verbesserung fast unmöglich	Ursache 1 ○○○ ●● Ursache 2 ○○ ●●● Ursache n ○○○○○ ●●●●
Ursachenanalyse (8 Minuten) 5×-Warum-Methode	Zu den vier am höchsten gewichteten Punkten.
Erkenntnisse/Maßnahmen (5 Minuten)	Erste Maßnahmen entwickeln

_____ **Praxistipp**

Achten Sie darauf, dass nicht mehr als drei Maßnahmen aus einem Workshop generiert werden. Der Moderator sorgt dafür, dass die vorgegebenen Zeiten strikte eingehalten werden. Beim ersten Mal kann das Zeitmanagement schwierig sein. Spätestens ab dem dritten Workshop sollten die Zeitvorgaben problemlos einzuhalten sein.

In einer Dispositionszentrale eines Logistikunternehmens fällt auf, dass derselbe Lkw stets verspätet beim Kunden eintrifft. Mit team24 besteht die Möglichkeit, erste Hinweise für die Ursachen der Verspätung zu finden sowie erste Lösungsansätze zur Verbesserung zu entwickeln. Damit ist die Basis gelegt, um weitere Instrumente zur Lösungsentwicklung zu nutzen.

Literatur

Bechmann, Arnim (1978): Nutzwertanalyse, Bewertungstheorie und Planung. Bern, Stuttgart

Bertsche, Bernd/Lechner, Gisbert (2004): Zuverlässigkeit in Maschinenbau und Fahrzeugtechnik: Ermittlung von Bauteil- und System-Zuverlässigkeiten 3., überarbeitete und erweiterte Auflage, Berlin

Bezold, Thomas (1996): Zur Messung der Dienstleistungsqualität: Eine theoretische und empirische Studie zur Methodenentwicklung unter besonderer Berücksichtigung des ereignisorientierten Ansatzes. Frankfurt/M., Berlin, Bern, New York, Paris, Wien

Bicheno, John (2002): Die Excellenz-Box: Der umfassende Ratgeber zu TQM, LEAN und Six Sigma in der Fertigung und Dienstleistung. Ostfildern

Binner, Hartmut F. (2002): Prozessorientierte TQM-Umsetzung. 2., verbesserte und erweiterte Auflage, München, Wien

Bosch, Karl (2006): Elementare Einführung in die Wahrscheinlichkeitsrechnung. Wiesbaden

Brauer, Jörg-Peter (2002): DIN EN ISO 9000:2000 ff. umsetzen. München

Brunner, Franz J./Wagner, Karl W./Durakbasa, Numan M. (2011): Taschenbuch Qualitätsmanagement. Leitfaden für Studium und Praxis. 5., überarbeitete Auflage, München

Fischer, Ulrich/Regber, Holger (2010): Produktionsprozesse optimieren: mit System! Wichtigste Methoden, Beispiele, Praxistipps. Zürich

Forrer, Fritz/Schöni, Marcel (2011): Projektmanagement. Mit knappen Ressourcen Projekte sicher steuern. Zürich

Gamweger, Jürgen, et al. (2009): Design for Six Sigma: kundenorientierte Produkte und Prozesse fehlerfrei entwickeln. München

Gembrys, Sven/Herrmann, Joachim (2008): Qualitätsmanagement. München

Gietl, Gerhard/Lobinger, Werner (2012): Leitfaden für Qualitätsauditoren. Planung und Durchführung von Audits nach ISO 9001:2008. 4., aktualisierte und erweiterte Auflage, München

Harry, Mickel J., et al. (2010): The Practitioner's Guide to Statistics and Lean Six Sigma for Process Improvements. Hoboken (NJ)

Hartung, Joachim/Elpelt, Bärbel/Klösener, Karl-Heinz (2005): Statistik: Lehr- und Handbuch der angewandten Statistik: mit zahlreichen, vollständig durchgerechneten Beispielen. München

Holland, Heinrich/Scharnbacher, Kurt (2006): Grundlagen der Statistik Datenerfassung und -darstellung, Maßzahlen, Indexzahlen, Zeitreihenanalyse. 7., aktualisierte Auflage, Wiesbaden

Höppner, Dominik (2003): Integration von PPS- und CAQ-Systemen. Möglichkeiten, Prozessmodellierung, Integrationsmodell, Umsetzung. München

Imai, Masaaki (1994): Kaizen: Der Schlüssel zum Erfolg der Japaner im Wettbewerb. 12. Auflage, Berlin

Karlöf, Bengt/Östblom, Svante (1994): Das Benchmarking-Konzept: Wegweiser zur Spitzenleistung in Qualität und Produktivität. München

Kerzner, Harold (2008): Projektmanagement: ein systemorientierter Ansatz zur Planung und Steuerung. 2. Auflage, Heidelberg

Klesz, Jacqueline, et al. (2008): 5 S. Webbasiertes Training – Festo Didactic. Denkendorf

Knecht, Andreas/Bertschi, Markus (2013): Six Sigma. Zürich

Koch, Richard (2004): Das 80/20-Prinzip: Mehr Erfolg mit weniger Aufwand. 2., aktualisierte Auflage, Frankfurt

Krämer, Walter (2004): Statistik verstehen: eine Gebrauchsanweisung. 4. Auflage, München

Menzel, Frank (2009): Produktionsoptimierung mit KVP: der kontinuierliche Verbesserungsprozess für gesteigerte Konkurrenzfähigkeit. Landsberg am Lech

Menzel, Frank (2010): Einfach besser arbeiten: KVP und Kaizen – kontinuierliche Verbesserungsprozesse erfolgreich gestalten. Zürich

Meyer, Urs B., et al. (2005): Grafische Methoden der Prozessanalyse: für Design und Optimierung von Produktionssystemen. München

Mittag, Hans-Joachim (1993): Qualitätsregelkarten. München

Niven, Paul R. (2003): Balanced Scorecard – Schritt für Schritt: Einführung, Anpassung und Aktualisierung. Weinheim

Oestreich, Markus/Romberg, Oliver (2009): Keine Panik vor Statistik! Erfolg und Spass im Horrorfach nichttechnischer Studiengänge. 2., überarbeitete Auflage, Wiesbaden

Pokropp, Fritz (1996): Stichproben: Theorie und Verfahren. 2., vollständig überarbeitete Auflage, München

Quentin, Horst (2008): Statistische Prozessregelung – SPC. München

Rambaud, Laurie (2006): 8 D Structured Problem Solving: a guide to creating high quality 8D reports. Breckenridge

Roenpage, Olin, et al. (2007): Six Sigma + lean Toolset: Verbesserungsprojekte erfolgreich durchführen. 2., überarbeitete Auflage, Berlin

Scharnbacher, Kurt/Holland, Heinrich (2004): Grundlagen statistischer Wahrscheinlichkeiten: Kombinationen, Wahrscheinlichkeiten, Binomial- und Normalverteilung, Konfidenzintervalle, Hypothesentests. Wiesbaden

Siebert, Gunnar/Kempf, Stefan (2008): Benchmarking: Leitfaden für die Praxis. München

Süßmair, Augustin/Rowold, Jens (2007): Kosten-Nutzen-Analyse und Human Resources. Weinheim

Takeda, Hitoshi (2002): Das Synchrone Produktionssystem – just-in-time für das ganze Unternehmen. München

Tiede, Manfred (1987): Statistik: Regressions- und Korrelationsanalyse. München

Tietjen, Thorsten/Müller, Dieter H. (2003): FMEA-Praxis: das Komplettpaket für Training und Anwendung. 2., überarbeitete Auflage, München

Westermann, Georg/Finger, Sabine (2012): Kosten-Nutzen-Analyse: Einführung und Fallstudien. Berlin

Wiegand, Jürgen (2005): Handbuch Planungserfolg: Methoden, Zusammenarbeit und Management als integraler Prozess. Zürich

Wildemann, Horst (2012): Total Quality Management: Leitfaden zur ganzheitlichen Umsetzung des Qualitätsgedankens im Unternehmen. 16. Auflage, München

Zeithaml, V.A./Parasuraman, A./Berry, L.L. (1992): Qualitätsservice. Was Ihre Kunden erwarten – was Sie leisten müssen, Frankfurt a. M.

Zentrum Wertanalyse (1995): Wertanalyse: Idee – Methode – System. Düsseldorf

Stichwortverzeichnis

5 M 170
5 S 24, **92**
5 × Warum 36, **94**
6 S 92
8-D-Methode 24, **96**
Abhängigkeitsbereitschaft 41
absolute Kennzahlen 54
Akkreditierung **98**
Allgemeine Standards erarbeiten . . . 92
Analyse des Zielpublikums 68
Anti-Brainstorming 128
Arbeitsplätze reinigen 92
Assurance 114
Auditor 38, 155
Audits 37, 154
   Dienstleistungs- 155
   Fach- 37–38
   Lieferanten- 51, 73
   Produkt- 155
   Prozess- 38, 155
   Qualitäts- 39, **154**
   System- 39, 155
   Verfahrens- 38, 155
Aufräumen 92
Aufwand-Nutzen-Matrix . . 77, 83, **100**
Ausbildungsqualität 54
Aussortieren 92
Austrian Quality Award (AQA) . . . 19

Balanced Scorecard (BSC) **102**
beherrschter Prozess 61
Benchmarking 54, 81, **104**
Bericht 84
Beschwerdemanagement 31–32
Betriebskosten 126
Black Belt 163
Bottom-up-KVP 131
Brainstorming 24, 128
Brainwriting 24, 129
BSC **102**
Business Excellence 108

CAQ 19, 83, **106**
Change-Manager 82
Comment Cards 32
Computer-Aided Quality
   (CAQ) 19, 83, **106**

Delphi-Methode 25
Dienstleistungsaudit 155
Dienstleistungsqualität 43
diskrete Daten 158
DMADV 163
DMAIC 163
dynamisches Qualitätsmanagement-
   system 39

EFQM-Modell 16, 19, **108**, 168
emotionale Werte 48
Empathy 114
Esprix 19

Fachaudit 37–38
fachliche Qualität 41
Feedback 44, 73
Fehler 34
   -analyse 22
   -erfassung 21
   -quoten 57
   -sammelliste 19, 21, **110**
   -ursachen 70–71
   -wiederholung 97
Fehlermöglichkeits- und
   Einflussanalyse (FMEA) 24,
      50–51, **112**
Fehlverhalten, menschliches 72
Fischgrätendiagramm 23
Flexibilität 42
Flussdiagramm 22
FMEA 24, 50–51, **112**
Freundlichkeit 43, 48
Führungsprozess 60
Fusion 61

ganzheitliches Qualitäts-
   management 14
Gap-Modell 57, **114**
Gauß'sche Glockenkurve 138
Gemba 122
Gembutsu 122
Gesamtlösungsansatz 136
geschichtete Stichprobe 166
Green Belt 163

Häufigkeitstabelle 117
Hilfsbereitschaft 48
Histogramm 22, **116**
historische Entwicklung des
    Qualitätsmanagements **118**
Hypothesentest 36, **120**

Implementierungskosten 126
IMS 88–89
inhaltliche Qualität 41
Integriertes Managementsystem
    (IMS) 88–89
integriertes
    Qualitätsmanagementsystem 20, 28
Ishikawa-Diagramm .. 35, 52, 70, **170**
ISO-Normen 156
ISO-Zertifizierung 66

Kaizen 24, 26, 33–34, 85, 87, **122**
Kennzahlen 53–54, 66
    absolute 54
    relative 55
    richtige 67
Kernprozess 58, 60
Kommunikation 16, 77–78
    frühzeitige 79
Korrekturmaßnahmen 97
Korrelation **124**
Korrelationsdiagramm 23
Kosten-Nutzen-Analyse **126**
Kreativitätstechniken 24, **128**, 136, 146
Kultur 63, 72, 85, 88
Kunden 45–46, 81–82
    -anforderungen 13
    -bedürfnisse 17, 47, 52, 106
    -befragung 56–57
    -beschwerden 31
    -beziehung 82
    -bindung 49
    -erwartungen 40–43
    -integration 45
    -kontakt 17
    -meinung 44
    -nähe 46, 53
    unzufriedene 52
    -zufriedenheit 87
kundenbezogene Qualitäts-
    betrachtung 13
kundengerechte Qualität 16
KVP 16, 24, 34, 85–86, 122, **130**
    Bottom-up- 131
    -Karten 130
    -Leader 130

Lieferanten 73, 82
    -audit 51, 73
    -besuche 73
    -Kunden-Beziehung 53
Lieferverträge 50
LIPOK **132**
Ludwig-Erhard-Preis 19

Management-Review 84
Managementsystem 39
Mängel 70–71, 73–74
Master Black Belt 163
Matrix-Flussdiagramm 174–175
Matrixtabelle 136
Meckerkästen 32
Median **134**
menschliches Fehlverhalten 72
Minderqualität 68
Mitarbeiterbefragung 56
Mittelwert **134**, 138
Modalwert 135
Moderator 29
morphologischer Kasten **136**
Motivation 88

Normalkurve 138
Normalverteilung 116, **138**
Nullfehlerprogramm 119
Nutzwertanalyse **140**

Pareto-Diagramm 22, 110, **142**
Pareto-Prinzip 71
PDCA-Regelkreis 24, **144**
Personalkennzahlen 54
Personalzufriedenheit 86
Platzziffernverfahren **146**
Point-of-Sales-Befragung 57
Preisgestaltung 43
Preis-Leistungs-Verhältnis 15
Prioritätenmatrix 24
Problemanalyse 96
process owner 38
Produkt-
    -audit 155
    -präsentationen 48
    -qualität 54, 86
produktbezogene Qualitäts-
    betrachtung 12
Projektteam 96

Prozess 59–60
  beherrschter 61
  Führungs- 60
  Kern- 58, 60
  Support- 58, 61
Prozess-
  -analyse **148**
  -audit 38, 155
  -durchlaufzeiten 57
  -eigner 39, 59
  -fähigkeit 106, **150**
  -innovation 61
  -landkarte 148
  -management 58, 163
     -system 58, 61
  -optimierung 63, 106, **152**
  -organisation 61
  -qualität 54, 63
  -regelung, statistische **164**
  -steuerung 61
  -struktur 149
  -system 38
prozessbezogene Qualitäts-
  betrachtung 13

Q7 21
Qualität 12
  als Aushängeschild 15
  Bestimmung der 68
  Dienstleistungs- 43
  fachliche 41
  inhaltliche 41
  kundengerechte 16
  technische 41
  wahrgenommene 56
  zeitliche 42
Qualitäts-
  -audit 39
    gemäß ISO **154**
  -award 18, 81
  -bericht 84
  -betrachtung 12
    kundenbezogene 13
    produktbezogene 12
    prozessbezogene 13
  -kennzahlen 53–54, 66
    richtige 67
  -kontrollen 37
  -kosten 80
    -arten 80
  -kreis 12, 14–15
  -kriterien 66

Qualitäts- (Forts.)
  -kultur 63, 72, 85, 88
  -manager 66, 82–85
  -mängel 70–71, 73–74
  -messung 55–56
    mit Toleranzwerten 164
  -niveau 162
  -preise 18–19
  -regelkarten 22, 106, **158**, 165
  -sicherung 37, 80, 83, 118, 144, 168
    computergestützte 106
    Entwicklung 169
  -standards 18
  -veränderung 78–79
  -vereinbarung 50–51
  -vorteile 48
  -werkzeuge 21
  -zirkel 25
    Chancen und Risiken 30
    Phasen 29–30
    Spielregeln 30
    Wirksamkeit 27–28
    Ziele 26–27
Qualitätsmanagement 16
  ganzheitliches 14
  historische Entwicklung **118**
  -normen **156**
  -system 18, 20, 38
    Betrieb 66
    Definition 65
    dynamisches 39
    Einführung 64
    Fehler 67, 69
    Gegner 65
    integriertes 20, 28
  -Tools 21, 23
  umfassendes 168

Rangreihenverfahren 140, **160**
Regression **124**
Regressionsanalyse 124
relative Kennzahlen 55
Reliability 114
Rentabilität 126
Responsiveness 114
Revision 154
Rückrufaktion 75

«sechs M» 70
Servicequalität 48
Seven Tools 21
Sigma-Wert 150
Six Sigma 16, 24, 74, **162**
Sofortmaßnahmen 34–35, 96
Spitzenleistung 81–82
Standardabweichung 138, 162
Standardnormalverteilung 138
statistische Prozessregelung **164**
stetige Daten 158
Stichprobengröße 167
Stichprobenstrategie 120, **166**
Strategiediskussion 58
Streuung 134
«Superkennzahl» 54
Supportprozess 58, 61
Swiss Excellence Award (Esprix) . . 19
Systemaudit 39, 155

wahrgenommene Qualität 56
Wahrscheinlichkeitsrechnung **172**
Werbung 68
Wertflussanalyse **174**
Wettbewerbsvorteil 17

zeitliche Qualität 42
Zertifizierung **98**
Zielerreichungsgrad 53
Zufallsstichprobe 166
Zuverlässigkeit **176**

Tangibles 114
Teamfähigkeit 43
Teamleistung 97
technische Qualität 41
Teillösungsidee 136
Termintreue 43
Testanrufe 56
Testkäufe 57
Tools 20–21, 83
Total Quality Management
     (TQM) 12, 62, **168**
Treue 48
Trial-and-Error-Prinzip 35

Überqualität 68, 76–77
umfassendes Qualitäts-
     management 168
Ursache-Wirkungs-
     Diagramm 23, 35, 52, 70, **170**

Veränderung am Produkt 78–79
Verbesserungskarten 86
Verbesserungskultur 85
Verfahrensaudit 38, 155
Verfügbarkeit **176**
Verschwendung 123
Vertrauenswürdigkeit 43
«vier M» 70

Die Autoren

Andreas Knecht (geboren 1962 in Laufenburg) studierte Wirtschaftsinformatik und absolvierte anschließend ein Nachdiplomstudium Logistik. Von 1990 bis 1996 war er als Projektleiter in einem großen Bahnunternehmen tätig, wo er ab 1997 verschiedene Führungsfunktionen in den Bereichen Prozess- und Qualitätsmanagement ausübte. Danach arbeitete er während vier Jahren als Berater für die SWITCH Transit Consult GmbH in Stuttgart und ist seit 2008 Mitinhaber und Geschäftsführer eines weltweit tätigen Beratungsunternehmens.

Andreas Knecht veröffentlichte diverse Sachbücher und Romane und wurde 2011 mit der Goldmedaille der Historia Gastronomica Helvetica für das beste Wein-/Kochbuch des Jahres im deutschsprachigen Raum ausgezeichnet.

Carola Negura (geboren 1974 in Kronstadt) studierte Verwaltungsmanagement und veröffentlichte zahlreiche Artikel sowie ein Buch zum Thema Qualitätsmanagement. Als zertifizierte Qualitäts- und Umweltauditorin (nach Europäischen Richtlinien) arbeitete sie elf Jahre als Beauftragte der Geschäftsführung in Frankfurt am Main und Düsseldorf. Jetzt ist sie Leiterin «Qualitätsmanagement und Marketing» bei National Express Rail GmbH und hat ein eigenes internationales Beratungsunternehmen für Geschäftsentwicklung und Qualitätsmanagement gegründet.

Bibliografische Information der Deutschen Nationalbibliothek

Die Deutsche Nationalbibliothek verzeichnet diese Publikation in der Deutschen Nationalbibliografie; detaillierte bibliografische Daten sind im Internet über http://dnb.d-nb.de abrufbar.

© 2013 Versus Verlag AG, Zürich

Weitere Informationen zu Büchern aus dem Versus Verlag unter www.versus.ch

Umschlagbild und Illustrationen: Thomas Woodtli · Witterswil
Satz und Herstellung: Versus Verlag · Zürich
Druck: Comunecazione · Bra
Printed in Italy

ISBN 978-3-03909-205-5

Vom gleichen Autor

Andreas Knecht · Markus
Bertschi · Claudio Caruso

Das 7 × 7 des Projekterfolgs

Zehn Geschichten aus dem Geschäftsalltag

ISBN 978-3-03909-117-1 · 144 S. · 2009

Anhand von zehn unterhaltsamen Kurzgeschichten, die anschaulich auf mögliche Probleme bei der Projektentwicklung eingehen, zeigen die Autoren, weshalb Projekte scheitern und wie schlingernde Projekte wieder auf die Erfolgsstraße gebracht werden. Dieses Buch hilft, Ursachen für mögliches Fehlverhalten und Fehlentwicklungen frühzeitig zu erkennen. Gleichzeitig wird Projektverantwortlichen ein umfassendes Argumentarium zur Verfügung gestellt, das ihnen ermöglicht, ihre Ideen, Verbesserungsvorschläge oder Bedenken gegenüber den Autraggebern und Nutzern zu vertreten.

Andreas Knecht
Markus Bertschi

Six Sigma

Tools · Beispiele · Praxistipps

ISBN 978-3-03909-201-7 · 198 S. · 2013

Weitere Bücher der Reihe **VERSUS kompakt**

Weitere Bücher der Reihe **VERSUS** kompakt

Fritz Forrer · Marcel Schöni

Projektmanagement

**Mit knappen Ressourcen
Projekte sicher steuern**

ISBN 978-3-03909-206-2 · 136 S. · 2011

Julia Hintermann

Ich kommuniziere –
also bin ich!

**Kommunikationsmodelle ·
Fallbeispiele · Praxistipps**

ISBN 978-3-03909-202-4 · 144 S. · 2010

Jacqueline Holzer
Jean-Paul Thommen
Patricia Wolf

Wie Wissen entsteht

**Ein Einführung in die Welt der
Wissenschaft**

ISBN 978-3-03909-211-6 · 167 S. · 2012

Weitere Bücher der Reihe **VERSUS kompakt**

Friedjung Jüttner

Nimm dein Schicksal in die eigene Hand!

Kleine Psychologie für ein besseres (Selbst-)Management

ISBN 978-3-03909-210-9 · 144 S. · 2012

Andreas Knecht
Markus Bertschi

Six Sigma

Tools · Beispiele · Praxistipps

ISBN 978-3-03909-201-7 · 198 S. · 2013

Andreas Knecht
Carola Negura

Qualitätsmanagement

Wichtigste Methoden · Beispiele · Praxistipps

ISBN 978-3-03909-205-5 · 192 S. · 2013

Weitere Bücher der Reihe **VERSUS kompakt**

Frank Menzel

Einfach besser arbeiten

KVP und Kaizen – Kontinuierliche Verbesserungsprozesse erfolgreich gestalten

ISBN 978-3-03909-203-1 · 160 S. · 2010

Bruno Röösli · Markus Speck
Andreas Wolfisberg

Controlling für Manager und Unternehmer

Controlling als Steuerungs- und Führungsinstrument

ISBN 978-3-03909-207-9 · 202 S. · 2012

Claude Rosselet

Andersherum zur Lösung

Die Organisationsaufstellung als Verfahren der intuitiven Entscheidungsfindung

ISBN 978-3-03909-212-3 · 115 S. · 2013

Weitere Bücher der Reihe **VERSUS kompakt**

Marco Rüstmann

Risikomanagement in der Finanzbranche

Vom Umgang der Banken, Versicherungen, Pensionskassen und Vermögensverwalter mit Risiken

ISBN 978-3-03909-213-0 · 176 S. · 2013

Christa Uehlinger

Miteinander verschieden sein

Interkulturelle Kompetenz als Schlüssel zur global vernetzten Welt

ISBN 978-3-03909-213-0 · 176 S. · 2013

Markus Worch

Das kleine E-Mail-Buch

Dos & Don'ts im E-Mail-Alltag

ISBN 978-3-03909-164-5 · 128 S. · 2009

gleiche Aufl. lieferbar 7/21 Ub

9|8|8